KB121735

여우와 토종 씨의
행방불명

여우와 토종 씨의 행방불명

십대를 위한 한반도 생물 다양성 이야기

박경화

양철북

차례

3부 자연의 생명들이 우리 곁에서도 행복하길

4부 우리가 알아야 할 녹색 이야기

만약 야생동물들이 투표를 한다면

이런 상상을 해 본 적이 있다. 만약 야생동물들이 투표할 수 있다면 우리 도시의 시장은 과연 인간이 될 수 있을까? 내가 사는 서울에는 사람들이 많이 모여 살고 고층 빌딩을 비롯한 건물이 빽빽하게 들어차 있다. 도로에선 낮과 밤을 가리지 않고 자동차들이 내달린다. 이런 곳에도 동물들이 있을까 싶지만 주변을 자세히 둘러보면 곳곳에 여러 생명이 살고 있다.

공원에는 참새와 박새, 직박구리 같은 다양한 새들이 살고 있고, 한강에는 왜가리, 중대백로, 해오라기, 흰꼬리수리, 새매, 흰뺨검둥오리, 흰죽지, 재갈매기처럼 계절마다 수많은 철새가 찾아온다. 북한산에는 멧돼지와 고라니, 다람쥐 같은 포유류들이 살고, 연못과 냇물, 계곡에 있는 습지에는 두꺼비와 맹꽁이, 개구리, 뱀 들도 살고 있다. 여름이면 강렬한 소리로 자신의 존재감을 드러내며 잠 못 이루게 하는 매미, 사마귀, 메뚜기, 귀뚜

라미, 나비, 날파리, 하루살이 같은 곤충들까지…….

이렇게 많은 자연의 생명들이 이 도시에서 어울려 살고 있다. 이들 수를 정확하게 파악할 수 있다면 아마도 서울의 인구수보다 훨씬 더 많을 것이다. 만약 이들이 자신들의 권리를 주장하고 한 개체마다 한 표씩 행사하게 된다면 어떤 일이 벌어질까? 인간 후보자는 과연 다른 생명들에게도 열렬한 지지를 받을 수 있을까? 우리는 다른 종들에게 어떤 존재로 비치고 있을까?

이건 그저 상상일 뿐이지만, 우리 가까이에서 함께 살아가고 있는 생명에 대해 생각해 보고, 지금 어떤 상황에 처해 있는지를 알아보기 위해 이 책을 썼다. 이 책은 2010년 3월에 처음 출간되어 청소년 독자를 중심으로 꾸준히 사랑받아 오고 있다. 책 내용 일부가 교과서에 수록되었고 여러 기관에서 추천도서로 선정되기도 했다. 그리고 10여 년이 흐른 지금, 내용을 보강하고 새로운 주제를 더하기 위해 개정판을 펴낸다.

기존 책에 담겨 있던 반달가슴곰과 산양, 물범, 제비 같은 멸종 위기에 처한 야생동물뿐 아니라 토종 씨앗과 야생화, 산나물, 숲 같은 주제에는 최근 환경 이슈를 더해서 내용을 보강했다. 전 세계 사람들의 이동을 멈추고 세계 시스템을 마비시켜 버린 코로나바이러스감염증-19 이야기와 유리창에 부딪쳐 안타깝게 죽어 가는 새, 여행자가 알아야 할 여행 문화까지 새롭게 더한 주제도 있다.

생태계의 건강한 정도를 판단하는 지표가 되는 생물 다양성은 어디선가 들어 본 익숙한 말이 되었지만 명확한 의미와 가치를 아는 이는 여전히 많지 않다. 생물 다양성이 우리 생활과 어떻게 연관되어 있고, 우리 주변에서는 어떤 일이 일어나고 있는지, 어떤 동물들은 왜 멸종할 수밖에 없었는지를 옛이야기 하듯 편안하게 담으려고 했다.

지구의 역사에서 인류가 지구 환경에 큰 영향을 미친 지질 시대를 '인류세'라고 한다. 전문가들은 화석 연료 사용이 폭발적으로 늘어난 1800년대부터 지구 환경에 급격한 변화가 일어나면서 인류세가 시작되었다고들 하는데, 이즈음부터 인간의 활동으로 멸종이 가속화되면서 생물 다양성 문제가 심각해졌다. 각종 개발 사업으로 야생동식물의 서식지를 침범하거나 없애 버렸으며, 여행이나 무역 같은 이동으로 다른 대륙으로 생물종이 전파되면서 생태계를 교란시키는 일도 일어나고 있다. 특히 이산화탄소 배출로 지구의 기후가 변하면서 폭염과 폭설, 가뭄과 이상 고온, 산불 같은 자연재해가 늘었다. 이로 인해 사람들도 큰 피해를 보고 있으며 다른 생물종 역시 이전에는 경험하지 못한 큰 위기를 맞고 있다.

멀리서 벌어지는 것 같았던 멸종이 나와 어떤 지점에서 연관되어 있고, 그 해법은 무엇인지를 이 책을 통해서 쉽게 이해하고 생각해 볼 수 있으면 좋겠다. 환경 문제가 나와 연결되어 있다는 것을 깨닫고, 환경을 위해 무엇을 할 것인지 생각해 보고, 행동해야 한다.

투표권을 가진 야생동물들이 인간 후보자를 지지하게 하려면 우리는 무엇을 해야 할까? 늘 잊지 말아야 할 점은 우리는 이 지구라는 거대한 집에서 여러 생명들과 함께 살아가는 존재라는 것이다. 이제부터라도 다 함께 잘 사는 법을 찾아보자.

2021년 10월 박경화

1부　그 많던 야생동물들은 어디로 갔을까?

호랑이는 왜 우리 숲에서 사라졌을까?

우리 집에 찾아오던 동물들

"이놈의 족제비가 또 물어 갔네."

어스름 새벽, 아버지의 목소리와 함께 닭장 문을 닫는 소리가 들렸다. 나는 사랑방 문을 열고 마당에 있는 닭장으로 조르르 달려갔다. 잠에서 깬 닭들은 "꼬꼬꼬" 소리를 내며 날개를 활짝 펴고 홰를 치기도 했다. 아버지는 닭장 문이 비스듬히 열려 있고 주변에 깃털이 떨어진 것을 보고 족제비 소행이란 것을 금방 알아채셨다.

닭은 어제보다 한 마리 줄어 12마리가 남아 있었다. 나는 습관처럼 아침마다 닭을 셌다. 아버지가 나무와 철망으로 튼튼하게 지은 닭장에는 본래 닭 20마리가 있었다. 그런데 어둠을 틈

타 뒷산에서 몰래 내려온 족제비가 닭을 한 마리씩 물고 달아나 버린 것이다. 어제저녁에 분명 닭장 문을 꼭 닫아 두었는데, 족제비는 어떻게 닭장 문을 열었을까? 옛이야기에는 사람으로 둔갑한 여우가 닭을 잡아먹는다던데, 혹시 우리 닭을 잡아먹은 것도 여우 탈을 쓴 귀신 아닐까? 나는 닭장 앞에 쪼그리고 앉아 이런 오싹한 상상을 하곤 했다.

이 닭이 어떤 닭이던가? 우리 집 어미 닭은 정확하게 오후 2시면 알을 낳았다. 사랑방 아궁이 옆 짚단 더미 안에 알을 낳고는 요란하게 울어 댔다.

"꼬꼬댁 꼬꼬, 꼬꼬댁 꼬꼬."

요란한 닭 울음소리가 나면 나는 알을 찾으러 나갔다. 암탉이 떠난 짚단 더미 오목한 자리에는 노란 달걀 한 개가 따뜻한 온기를 품고 있었다. 달걀을 조심조심 집어 들고 부엌 찬장 제일 안쪽 바구니에 넣어 두었다. 그런데 달걀을 꺼내 올 때마다 늘 궁금한 게 있었다. 알을 낳은 뒤 닭은 왜 요란하게 우는 걸까? 알을 낳느라 힘들었다는 뜻일까, 홀가분하다는 뜻일까, 아니면 어서 알을 찾으러 오라는 뜻일까?

이렇게 낳은 달걀은 어미가 한 달 동안 따뜻하게 품어야 병아리가 될 수 있다. 어미 닭이 알을 품을 때가 되면 어른들은 따뜻한 부엌 한 귀퉁이에 볏짚을 깔아 둥지를 마련해 주었다. 이때 사람이 가까이 가면 평소엔 겁 많고 순한 암탉도 으르렁거리며 덤벼들었다. 알에서 갓 깨어난 병아리는 솜털이 촉촉했고, 꼬물거리다 비틀거리며 일어섰다. 그리고 며칠 지나지 않아 마당과 뒷산을 돌아다니며 곡식과 작은 벌레를 쪼아 먹고 무럭무럭 자라났다. 제법 살이 올라 중닭이 되면 닭장 안에 넣어 두었다. 집 안 곳곳에디 똥을 싸고 어지럽히기 때문이다.

"족제비 녀석, 가만두지 않겠어!"

이 귀한 닭을 매번 잡아먹다니……. 나는 벼르고 별렀다. 족제비를 혼내 줄 긴 막대기도 준비해 놓았다. 하지만 족제비를 만나는 게 생각보다 쉽지 않았다. 족제비는 사람들이 모두 잠든 밤에 아주 조심스럽게 내려왔기 때문이다. 낮은 산 아래 자리 잡은 우리 집에는 이렇게 야생동물이 종종 나타나곤 했다.

눈 내린 날 아침이면 멧토끼 발자국이 마당에 가지런히 남아 있고, 먹이를 찾아 마을까지 내려온 노루가 골목을 어지럽게 뛰어다니다가 앞산으로 줄행랑치기도 했다. 살모사가 미끄러지듯 스르륵 지나가면서 등골을 서늘하게 만들기도 했다.

따뜻한 아랫목에 누워 들었던 할머니의 옛이야기에도 어김없이 동물들이 등장했다. 옛사람들은 호랑이와 표범을 합쳐서 범이라고 했다. 할머니는 젊었을 때 어느 고개를 넘다가 큰 바위에 범이 금방 싸고 간 오줌 흔적을 보고는 너무 놀라서 그 귀한 고무신이 벗겨지는 줄도 모르고 내달렸다고 했다.

힘이 장사 같았던 이웃집 아저씨는 겨울이면 땔감을 구하러 산속 깊이 들어가곤 했다. 하루는 해 질 무렵 지게 한가득 나무를 지고 내려오다 그만 범을 만나고 말았다. 언덕에서 아래를 내려다보며 입을 쩍 벌리고 있는 녀석을 보고는 지게도 내팽개 치고 줄행랑을 쳤다. 허겁지겁 겨우 집으로 돌아온 아저씨는 며칠을 앓아누웠다고 했다.

이웃 마을로 넘어가는 고갯길에는 밤마다 여우가 나타나 재주를 팔딱팔딱 넘다가 소복 입은 여자로 변한 뒤 숲으로 들어 갔다는 전설도 있었다. 나무가 우거진 저 깊은 산에는 짐승들 이 우글우글하고, 맹수 역시 눈을 번뜩이고 있으니 조심해야 한다고 어른들은 입버릇처럼 말했다. 짐승들이 마을로 내려와 사람을 해치지 않도록 울타리를 단단히 쳐야 한다고도 했다.

그런데 1990년대에 이르러서는 상황이 완전히 달라졌다. 야 생동물 연구가들이 숲을 조사해 보았지만 그렇게 많다던 동물 들 모습은 찾을 수 없고, 몇몇 발자국과 배설물만 겨우 발견했 을 뿐이었다. 그 동물들은 다 어디로 사라졌을까?

호랑이와 사향노루가 사라진 까닭

한때 한반도에는 꽤 많은 수의 호랑이와 표범이 살았다. 조 선이 세워졌을 무렵, 백성들은 농사를 지으려고 숲으로 들어가 곳곳에 땅을 일구어 농지를 개간했다. 서식지를 침범당하고 있 다고 느낀 호랑이와 표범 들이 사람과 마을을 공격하는 일이 흔해졌다. 그러자 백성을 하늘로 삼는 민본주의 정책을 폈던

조선 왕실은 호랑이와 표범 수를 줄이기 위해서 이들을 전문으로 사냥하는 착호갑사(捉虎甲士)를 양성했고, 세조 때는 착호대장, 착호위장, 착호장 같은 호랑이 사냥을 전담하는 장수를 임명했다. 군사 훈련과 수렵 대회를 함께하는 강무(講武)를 열기도 했다.

1472년(성종 3년)에는 호랑이를 잡는 사람인 착호인(捉虎人)을 뽑아 지방 군현에 배치했고, 1633년(인조 11년)에는 모든 고을에서 해마다 호피(호랑이 가죽) 또는 표피(표범 가죽) 3장씩 왕에게 바치게 했다. 이때 조선의 군현은 대략 330여 개였으니 해마다 포획해야 할 호랑이와 표범 수는 무려 1000마리나 되었던 셈이다. 이런 점으로 미루어보아 조선 중기까지는 꽤 많은 수의 호랑이와 표범이 살고 있었음을 추정할 수 있다.

이후 일제강점기가 되면서 조선총독부는 전국의 사냥꾼을 동원하여 사람과 재산에 위해를 끼치는 해로운 동물을 잡아 없애는 해수구제(害獸驅除) 사업을 벌였다. 이때 호랑이뿐 아니라 표범과 곰, 늑대, 스라소니 같은 대형 포식 동물을 집중적으로 잡아들이면서 개체 수가 대폭 줄어들었다.

당시 《조선총독부 통계 연보》를 보면 1915~1942년까지 포획한 호랑이의 수는 97마리라고 기록되어 있는데, 해가 갈수록 그 수가 줄어들었다. 1915~1916년에는 24마리(연평균 12마리), 1919~1924년에는 65마리(연평균 10.8마리), 1933~1942년에는 8마리(연평균 0.8마리)였다. 이 무렵에 호랑이 사냥을 중단하고

자연 상태로 두어도 절멸(絕滅, 생존해 있던 종의 개체가 더 확인되지 않는 것)할 정도였다. 호랑이를 잡으면 일본 관헌에서 압수할까 봐 신고하지 않는 경우가 많아서 실제 잡은 호랑이는 훨씬 더 많았을 것으로 추정된다.

이처럼 호랑이는 사람을 공격하는 맹수라서 사냥의 표적이 되기도 했지만, 호랑이 뼈가 몸에 좋다고 알려지면서 더 많이 붙잡혔다. 또 독특한 호피 무늬를 장식용으로 벽에 걸어 두거나 깔개, 덮개 같은 것으로 만들기도 했다. 1922년 수컷 호랑이가 경주에서 잡혀서 사진에 찍힌 기록과 1924년 암컷 호랑이가 횡성에서 잡혔다는 기록이 우리나라에서 잡힌 야생 호랑이에 관한 마지막 기록이다. 이후에도 야생 호랑이는 매우 적은 수가 살아 있었고 호랑이를 목격했거나 포획했다는 경험담은 떠돌고 있지만 사진이나 신문 기사 같은 정확한 기록으로 남은 것은 이것이 마지막이다. 야생동물 전문가들은 남한에서는 이미 오래전에 호랑이가 멸종되었으리라 생각하고 있다.

표범은 아름다운 무늬가 있는 모피 때문에 멸종 위기에 처했다. 한반도에 살았던 한국표범은 아무르표범이라고도 하는데, 특히 탐스럽게 자란 겨울털이 아름답기로 유명하다. 여름이 되면 황갈색이던 바탕색이 우윳빛으로 변하고, 매화 무늬라고 부르는 표범 특유의 무늬도 무척 아름답다. 19세기 중엽부터 1950년대까지 세계 모피 시장에서 표범 가죽값이 엄청나게 올랐다. 여성들 사이에서 표범 가죽 코트가 유행했기 때문이다. 사냥꾼들은 앞다투어 밀렵에 나섰다. 1925년 우리나라 표범 가죽은 한 장당 50~150원이었는데, 쌀 3~9가마를 살 수 있는 값이었다.

일제강점기 야생동물 포획 수를 기록한 자료《조선총독부 통계 연보》를 보면 1915~1916년 포획한 표범의 수는 136마리, 1919~1924년에는 385마리, 1933~1942년에는 103마리로, 다 합치면 624마리나 된다. 이 가운데 누락된 해와 기록되지 않은 비공식 포획까지 고려하면 이보다 더 많은 표범이 잡혔을 것으로 추정된다. 이를 통해 우리나라에 얼마나 많은 표범이 살고 있었는지를 짐작해 볼 수 있다.

한국표범은 한반도를 포함하여 연해주와 만주, 요동반도에도 살았다. 한국표범은 전 세계 표범 가운데 가장 북쪽에 사는 아종(亞種, 생물 분류학상 종의 하위 단계로, 동일 종 가운데 주로 지역적으로 차이가 나는 생물 집단을 가리키는 말)이다. 1930년대에는 1년에 60마리씩 잡혔다는 기록이 있고, 해방 이후에는 경남 합천오도산과 가야산, 전북 무주, 지리산 등지에서 18마리를 포획했다는 기록이 있다. 이후 1970년 경남 함안 여항산에서 18세로 추정되는 160센티미터 수컷 표범이 잡혔다는 기사가 신문에 실렸는데, 이것이 우리나라의 마지막 야생 표범에 관한 기록이다. 간혹 강원도 깊은 골짜기에서 표범이 살고 있다는 소문이 떠돌지만, 야생동물 전문가들은 표범이 이미 멸종된 것으로 추정한다.

사향노루는 한약재와 고급 향수의 원료로 쓰기 위해 밀렵했다. 사향을 지니고 있으면 이성에게 인기가 있다고 하여 사람들은 큰돈을 주고 사향을 구했다. 사향노루 수컷 한 마리에서 사향 약 25그램을 얻을 수 있는데, 몸무게가 20킬로그램가량 되는 사향노루가 이 적은 사향 때문에 죽어 갔다. 이제 사향노루는 양구, 화천, 고성 일대의 민통선 지역에 아주 적은 수만 남아 있다.

이처럼 사향노루는 사향 때문에, 반달가슴곰은 웅담 때문에, 꽃사슴은 녹용과 녹혈 때문에 밀렵의 표적이 되었다. 돈이 되기만 하면 동물들을 닥치는 대로 잡아들였다. 지금 우리나라에 비교적 많이 남아 있는 멧돼지와 너구리, 고라니, 족제비 같은 동물은 별다른 경제성이 없어서 살아남았다고 할 수 있다.

이 밖에도 여우와 늑대, 승냥이, 산달, 따오기와 황새, 먹황새, 크낙새, 느시, 바다사자(강치) 같은 동물들이 우리 땅에서 살았으나 이제는 사라져 버렸다.

기록에 따르면 한반도에 살았던 포유류는 121종이다. 그 가운데 바다에서 사는 해양동물과 북한에서 사는 종, 이미 멸종된 동물, 박쥐목과 식충목, 설치류 몇 종을 제외하면 남한에서 볼 수 있는 동물은 겨우 22종에 지나지 않는다. 그러나 이들도 경계심이 많아 좀체 사람 앞에 모습을 드러내질 않는다. 발자국과 똥, 털, 뿔질 같은 그들이 남긴 흔적을 통해 생존을 확인할 수 있을 뿐이다. 반달가슴곰, 산양, 노루, 고라니, 사향노루, 멧돼지, 삵, 너구리, 오소리, 수달, 담비, 족제비, 쇠족제비, 멧토끼, 청서, 다람쥐, 하늘다람쥐, 집쥐, 생쥐, 멧밭쥐, 고슴도치, 뉴트리아(외래종)가 지금 우리 곁에 남은 동물들이다.

야생동물과 함께 산다는 것

야생동물이 멸종되는 가장 큰 원인은 서식 환경이 급격하게 변했기 때문이다. 그다음은 남획 때문이며, 사람들이 생물종에 대한 가치를 잘 모르는 것도 원인이라 할 수 있다. 예전에는 밀렵 때문에 동물 개체 수가 줄어들었지만, 지금은 개발 사업 때문에 서식지가 사라지고 먹이가 부족해지면서 점점 멸종 위기를 맞고 있다. 사람처럼 집과 일터가 정해져 있지 않은 야생동물들은 산과 계곡, 들판같이 넓은 권역을 돌아다니며 먹이를 구하고 잠자리를 찾고 짝짓기를 하며 살아간다.

그러나 이들의 보금자리는 자동차들이 끝없이 내달리는 도로와 깊은 산을 파헤치는 채석장과 광산, 스키장과 골프장, 호텔과 펜션이 들어서며 부쩍 줄어들었다. 강과 하천에 둑을 쌓아 주변 환경을 바꾸어 버리는 댐, 지하수 개발과 물 오염, 점점 매립되는 갯벌 때문에 마음 편히 살 공간조차 찾기 어렵게 되었다. 우리가 직접 밀렵에 나서지 않아도 이런 시설을 이용하고, 동물을 배려하지 않고 진행하는 개발 사업에 찬성하면 결국 밀렵에 동참하는 셈이 된다.

여전히 깊은 산에 사람들이 둔 올무와 덫 같은 밀렵 도구로 야생동물들은 목숨을 위협당하고 있고, 들판에 뿌린 농약 때문에 죽기도 한다. 그물과 함부로 버린 쓰레기 때문에 다치거나 병들기도 한다. 휴일이면 많은 등산객이 숲으로 찾아와 시끌벅적 헤집고 다니니 마음 편히 새끼를 품을 보금자리를 찾기도 어렵다. 더구나 한반도는 남북이 높은 철망에 가로막혀 있어 남한의 야생동물들은 대륙을 넘나들지 못하고 섬처럼 남쪽에만 머물러야 한다.

우리는 왜 야생동물과 공존해야 하는 걸까? 때로는 사람을 위협하기도 하고 한 해 농사를 망치기도 하는데 왜 적극적으로 보호해야 하는 걸까? 호랑이나 표범 같은 상위 동물 한 마리가 숲에서 살아 있으려면 그들의 먹이가 되는 멧돼지와 고라니, 멧토끼 같은 작은 동물들이 더 많이 살고 있어야 한다. 작은 동물들이 살려면 다양한 풀과 열매, 벌레가 건강하게 자라 있어야 동물들이 안전한 보금자리를 만들고 먹고살 수 있다.

식물은 동물의 먹이가 되고 보금자리와 은신처를 만들어 주고, 동물은 식물의 열매를 먹고 다른 곳에 똥을 누어서 너른 곳으로 퍼지도록 돕는다. 동물의 똥은 식물에게 좋은 거름이 되어 준다. 이렇게 동물과 식물은 서로 도우면서 살고 있다. 동식물이 어울려 사는 곳은 흙이 기름지고 맑은 물이 흐르며 공기도 맑다. 이들이 행복한 곳은 바로 사람이 살기에도 좋은 곳이다. 이들 가운데 하나가 사라지면 숲에는 자연의 질서가 흐트러지고 이전과는 다른 심각한 문제가 점점 생긴다. 지금 미래를 확신할 수 없는 야생동물의 현실은 사람의 미래를 비추고 있는 거울일지도 모른다. 사람이 야생동물과 더불어 공존해야 하는 까닭은 바로 여기에 있다.

- 멸종

생물학적 단위인 한 종이 완전히 사라진 상태를 말한다.

- 절멸

종의 하위 집단인 아종이 사라진 상태를 말한다.

야생의 상태에서 살아 있는 모든 호랑이가 죽어 사라지는 것은 멸종이고, 호랑이 가운데 시베리아 호랑이가 사라진 것은 절멸이라고 한다.

반달가슴곰은 백두대간을 누비고 싶다

상사리와 곰탱이

곰은 소파를 좋아한다. 소파에 기대앉아서 달콤한 나무 열매 먹는 것을 즐기고, 느긋하게 누워서 쉬는 것도 좋아한다. 이 소파는 어디에 있을까? 놀랍게도 현기증이 날 만큼 아찔하게 높은 나무 위에 매달려 있다. 곰이 살고 있는 숲에서 나무를 잘 살펴보면 나뭇가지가 서로 얽힌 채 평평한 자리가 만들어져 있는 곳이 있다. 이것이 바로 곰의 소파인 '상사리'이다. 상사리는 바로 나무 위에 놓인 곰의 공중소파이다.

곰은 나무 위에서 편안하게 누워 있고 싶어 한다. 그래서 옆에 있는 가지를 앞발로 하나씩 끌어모아 서로 얽히게 만들어 지름 1~2미터의 거친 까치둥지 모양을 만든다. 이렇게 만든 나뭇가지 소파에 누워 간섭받지 않으며 낮잠을 자고 휴식도 즐긴다. 공중소파는 대체로 산벚나무와 졸참나무같이 열매를 따 먹을 수 있는 나무에 만든다. 이왕이면 편히 쉬면서 맛있는 간식도 먹을 수 있기 때문이다.

이따금 나무를 오르내리며 나무줄기에 강한 발톱 자국을 남기고 지름 5센티미터쯤 되는 생나무를 꺾어 놓기도 한다. 내가 이렇게 힘이 세니 아무도 가까이 오지 말라고 다른 동물에게 경고하는 것이다. 곰은 앞발의 힘도 세고 나무에도 잘 오르기 때문에 이렇게 할 수 있다.

곰은 무엇을 먹길래 힘이 셀까? 곰은 물고기와 곤충 같은 동물성 먹이와 식물성 먹이까지 골고루 잘 먹는 잡식성이지만, 주

로 식물을 즐겨 먹는다. 봄에는 보들보들한 산나물을 먹고, 여름에는 산딸기와 오디, 머루, 다래, 버찌 같은 열매를 자주 먹고, 가을에는 도토리를 즐겨 먹는다. 덩치는 거대해도 입맛은 귀엽다. 단맛 나는 열매를 무척 좋아하고, 그 가운데서도 달콤한 꿀을 가장 좋아한다.

잠자는 곳은 계절마다 다르다. 여름에는 땅 위나 바위 아래에 낙엽이나 조릿대를 깔아서 잠자리를 만들어 자고, 겨울에는 바위 굴이나 나무 구멍 속에서 겨울잠을 잔다. 바위 처마 아래에 낙엽을 둥글게 쌓거나 거대한 침엽수 아래에 조릿대를 엮어서 집을 만들어 잘 때도 있다. 이런 둥지 형태의 보금자리를 '탱이'라고 하는데, 이 곰탱이를 만들 때 곰은 영리하게도 도구를 이용한다. 조릿대를 모은 뒤 돌이나 나뭇가지로 누르면서 솜씨 좋게 보금자리를 만든다.

현재 전 세계에 서식하는 곰은 모두 8종이다. 반달가슴곰과 불곰, 북극곰, 늘보곰, 안경곰, 아메리카흑곰, 말레이곰, 판다인데, 모두 개체 수가 많지 않아 국제 보호종으로 보호받는다. 이 가운데 한반도에 사는 곰은 불곰과 반달가슴곰이다. 불처럼 붉은 갈색 털을 가져서 이름 붙은 불곰은 백두산과 관모봉 유역을 비롯하여 북한 지역에서만 산다. 발견된 곳 가운데 가장 밑쪽은 금강산 지역으로, 1940년대에 발견되었다는 기록이 남아 있다. 북한에서 큰곰이라고 하는 불곰은 북한에선 천연기념물로 지정되어 있지만 남한에선 정확한 실태를 알 수 없다.

남한에 사는 반달가슴곰은 가슴에 뚜렷한 반달 모양의 흰색 털이 나 있고, 그 외의 몸 전체는 검은색 털로 덮여 있다(그래서 반달곰보다는 반달가슴곰이라고 하는 편이 더 정확하다). 반달가슴곰은 히말라야 동부, 동남아시아, 중국, 러시아 연해주 남부, 한반도, 일본에서 서식한다. 우리나라에서는 천연기념물 제329호 및 환경부 멸종 위기 야생동식물 1급으로 지정하여 보호하고 있다. 반달가슴곰은 백두대간을 중심으로 해발 1000미터 이상 되는 전국 각지 깊은 산에서 살았는데, 지금은 지리산과 비무장 지대 일대에만 살고 있다.

반달가슴곰의 수난사

조선시대까지만 해도 곰은 중국과 일본으로 무역을 하기 위해서나 왕실과 일부 고위층에서 필요한 만큼만 한정적으로 잡아들였다. 그러다가 일제강점기 조선총독부가 해로운 맹수를 잡아 없앤다는 해수구제 사업을 벌이면서 곰과 호랑이, 표범 같은 대형 포유류를 많이 잡아들였다. 첫해인 1915년에는 곰 261마리, 1916년에는 168마리를 잡았는데, 해마다 수가 줄어들어 1943년에는 37마리를 잡았다. 기록이 남아 있는 14년 동안 잡아들인 곰은 모두 1269마리로, 해마다 100마리 가까이 잡아들인 셈이다. 1960년대 이전까지만 해도 백두산, 묘향산, 금강산, 설악산, 오대산에는 적지 않은 곰이 살고 있었다고 전해진다. 지리산만 해도 100마리 이상 살고 있었다고 한다.

1981년 산림청 조사 보고서에는 설악산, 가리왕산, 태백산, 통고산, 조령산, 지리산 일대에 반달가슴곰 약 20여 마리가 살고 있다고 기록되어 있다. 1983년 설악산 마등령에서 반달가슴곰 한 마리가 사살되어 사진에 찍힌 이후로 곰 소식은 들려오지 않았다.

곰은 왜 급격히 줄어들었을까? 밀렵꾼들이 스프링 올가미와 감자 폭탄 같은 밀렵 도구로 곰을 마구 잡아들인 탓이다. 밀렵꾼들이 곰을 잡아들인 이유는 웅담을 얻기 위해서였다. 곰의 쓸개인 웅담은 소화 작용을 돕기 위해 간에서 만들어져 쓸개에 저장된 소화 효소인데, 중국에서는 약 3000년 전부터 약재로 쓰이며 매우 비싸게 거래되어 왔다. 웅담은 병이 났을 때 열을 식히고 독을 제거하는 효능이 있다고 알려졌는데, 한 마리에서 얻을 수 있는 웅담 양은 고작 100그램뿐이다. 이 100그램을 얻기 위해 수백 킬로그램이나 되는 곰을 마구잡이로 죽여 온 것이다.

우리나라뿐 아니라 세계 모든 나라에서 곰의 개체 수가 급격하게 줄어들자 곰 밀렵과 살생을 금지하는 법안이 여러 나라에 생겨났다. 그러자 사람들은 곰을 사육하면서 살아 있는 곰의 쓸개즙을 얻는 방법을 개발했다. 곰은 야생에서 20~30년을 산다고 알려져 있는데, 이렇게 산 채로 쓸개즙을 빼앗기면 겨우

4~5년 정도만 살다가 비참하게 생을 마감하고 만다.

중국에서 곰 발바닥 요리는 가장 비싼 요리 가운데 하나이다. 중국 황실 요리책에는 곰 발바닥을 이용한 수프와 갈비찜 조리법이 나와 있고, 곰 고기 조리법도 실려 있다. 일본 홋카이도에서는 식당에서 곰 스테이크를 팔고 기념품 가게에서도 곰 통조림을 볼 수 있다. 세계 여러 나라에서는 곰 머리를 실내 장식용으로 걸어 놓고, 가죽으로 깔개를 만들거나 장식용으로 만들어 벽에 걸어 놓는다. 곰 싸움을 시키거나 서커스를 시키는 쇼도 한때 인기 있었다. 무대에서 춤을 추고 북을 치고 자전거를 타는 곰을 보며 관객들은 박수를 쳤다. 하지만 정작 무대 뒤에서 곰은 반복되는 훈련을 받으며 약물 복용, 거세, 이빨 제거, 뼈 수술, 주둥이 결박, 매질, 기나긴 철창생활을 하며 비참하게 살아야 했다.

1983년 이후 한동안 잠잠하더니, 1990년대 후반 지리산에서 야생 곰의 서식 흔적을 확인했다는 반가운 소식이 들려왔다. 그리고 2000년 11월 진주 MBC에서 설치한 무인 카메라에 곰이 찍혀서 야생 반달가슴곰이 살아 있음을 확인했다. 환경부도 무인 카메라를 설치하여 2002년 지리산에 야생 반달가슴곰이 5마리 이상 살고 있다는 것을 확인했다. 그러나 개체 수가 너무 적어 그대로 두면 곰은 몇 년 안에 모두 사라질 위기에 처해 있었다. 야생동물 전문가들은 자연 상태에서 포유동물 한 종이 멸종하지 않으려면 적어도 50마리는 살고 있어야 한다고 말한다. 그래서 환경부에서는 곰을 되살리기 위한 복원 사업을 시작했다. 2004년 러시아 연해주에서 6마리, 2005년에는 러시아와 북한에서 14마리를 들여와 지리산에 풀어놓았다. 이렇게 2009년까지 모두 29마리를 지리산에 방생하여 야생에서 살고 있던 곰과 서로 어울려 살 수 있게 했다. 그중 몇 마리는 적응에 실패해서 계류장으로 되돌아오기도 했고 밀렵 도구에 걸리거나 병 때문에 죽기도 했지만, 공들여 복원 사업을 진행한 결과 2020년 60여 마리가 지리산 일대에 살고 있다.

곰과 공존하는 법

복원이란 원래의 상태 또는 위치, 훼손되지 않은 온전한 상태, 건강하고 활력이 있는 상태로 되돌리는 것이다. 야생동물의 복원은 숲에 동물을 풀어놓는 것으로 끝나지 않는다. 곰이 편안하게 살 수 있는 환경을 만들기 위해서는 전문적인 연구와 조사, 실행이 더해져야 한다. 곰이 계절에 따라 어떤 먹이를 먹고, 겨울잠은 어떻게 자는지, 새끼는 어디에서 어떻게 낳는지, 어디에서 주로 활동하고 어떤 길로 이동하는지 다양한 연구를 함께해야 한다. 또 곰이 사는 지역의 기후와 토양, 식물의 종류, 동물 질병 연구는 물론 환경 오염 문제와 인간이 생태계에 미치는 영향까지 세밀한 연구도 이어 가야 한다. 숲의 환경이 예전과는 많이 달라졌으니 더 세심하게 배려해야 하기 때문이다.

　야생동물 복원 사업은 곰에 한정되어 진행되는 것은 아니다. 산양, 여우, 황새, 따오기처럼 우리 땅에서 오랫동안 살아왔으나 멸종 위기에 처했거나 이미 멸종해 버린 종을 되살리기 위해 계속해서 노력하고 있다. 그러나 전문가들이 아무리 노력하여 되살린다 해도 이 동물들이 야생에서 계속 살아갈 수 있을지는 미지수이다. 동물들이 자유롭게 살았던 시절보다 지금 환경은 너무나도 달라졌기 때문이다.

　지리산 깊은 곳까지 터를 잡은 사람들이 늘어나면서 곰이 민가에 들어가 음식을 뒤지거나 꿀통을 헤집어 놓는 피해를 보게 되었다. 너무 많은 탐방객들이 지리산에 가고, 정해진 탐방로가 아니라 지름길을 만드는 행태는 곰을 위협한다.

　무엇보다 중요한 것은 야생동물이 살아가는 공간을 지키고 공존하려는 자세이다. 야생동물의 숫자를 늘리는 일뿐 아니라 동물들이 위협받지 않고 편안하게 살 수 있는 환경은 모두 함께 만들어야 한다. 너른 지역을 넘나들면서 사는 반달가슴곰이 지리산을 넘어 예전처럼 백두대간을 자유롭게 다닐 수 있도록 도로나 광산, 스키장 같은 인공 시설로 끊어진 자연 생태계도 연결해야 한다. 야생동물과 같은 지역에 사는 사람들은 올무나 덫 같은 밀렵 도구를 없애고 야생동물들이 편하게 살 수 있게 공간을 지켜 주어야 한다. 탐방객들 역시 정해진 길을 따라 걸으면서 야생동물의 보금자리에 함부로 들어가지 않아야 한다.

한 종을 멸종시키는 일은 짧은 시간 안에 일어나지만, 본래 상태로 되돌리는 복원 사업에는 많은 시간과 노력, 비용이 든다.

우리 민족은 곰의 자손이라고 할 수 있다. 《삼국유사》에서는 곰이 하늘에서 내려온 환웅에게 쑥 한 다발과 마늘 20개를 받아 동굴에서 삼칠일(三七日, 21일)을 근신한 뒤 여자로 변신했다고 한다. 그리고 하늘의 황제인 아버지 환인의 명을 받아 땅으로 내려온 환웅과 혼인하여 단군왕검을 낳았고, 단군은 고조선을 세운 우리 민족의 시조가 되었다. 이처럼 곰은 단군신화에 등장할 정도로 우리에게 친숙하다.

곰은 생태계에서도 중요한 역할을 한다. 곰은 참나무와 가래나무, 고욤나무, 산뽕나무 같은 나무의 온갖 열매를 먹고 돌아다니면서 똥을 눈다. 똥 속에는 소화되지 않은 열매 씨앗이 섞여 있는데, 이것은 나무에서 자연스럽게 떨어진 씨앗보다 발아율이 높다. 한 자리에서 머물러 사는 나무는 곰 덕분에 여러 곳에 씨앗을 퍼트릴 수 있고, 이렇게 싹튼 식물은 다시 푸른 숲을 이룬다. 생태계 먹이사슬의 꼭대기에 있는 곰이 건강하게 살려면 곰의 먹이가 되는 풀과 나무, 자연 생태계의 먹이사슬이 모두 건강해야 한다.

💡 야생동물에게 먹이를 주면 안 되는 까닭

1. 야생동물은 저마다 좋아하는 먹이가 있는데, 잘못된 먹이를 주면 입 주변에 상처나 병이 생길 수도 있다. 특히 어린 새끼에게 먹이를 잘못 주면 뼈와 근육, 조직 발달에 좋지 않은 영향을 미친다.

2. 동물은 사람을 경계하는 습성이 있는데, 먹이를 주면 인간에 대한 두려움이 사라지고 가까이 다가오게 된다. 자칫 동물이 사람을 공격할 수 있고, 사람이 동물에게 해를 줄 수도 있다.

3. 어떤 동물은 먹이 주는 행위를 공격으로 여겨 사람을 다치게 할 수도 있다. 야생동물이 야생에서 스스로 살 수 있게 일정한 거리를 유지하는 편이 좋다.

4. 먹을거리가 풍부하면 동물의 수가 갑자기 늘어날 수 있다. 한정된 숲에 동물이 늘어나면 굶주림과 질병 때문에 죽을 수도 있고, 동물의 병이 인간에게 옮을 수도 있다.

5. 집 근처에 동물의 먹이를 두면 먹이를 먹으러 온 동물이 농작물에 피해를 줄 수 있고, 예상치 못한 다른 동물들도 찾아올 수 있다.

6. 사람이 주는 먹이 때문에 동물들이 한꺼번에 모여들면 싸움이 나고 병을 얻을 수도 있다.

7. 사람이 주는 먹이에 길들면 숲에서 스스로 먹이를 찾지 않고 식당 음식물 쓰레기통을 뒤지며, 야생성을 잃어버릴 수 있다.

멸종 그후 벌어진 일

도도새와 카바리아 나무

　멸종된 동물이라고 하면 가장 먼저 떠오르는 동물, 도도새를 아는가? 포르투갈어로 '어리석다'는 뜻을 가진 도도새는 인도양의 작은 섬나라 모리셔스에 살고 있었다. 남아 있는 일부 뼈를 통해서 복원해 본 도도새의 모습은 칠면조를 닮았을 정도로 크고 깃털은 청회색, 부리의 끝이 구부러져 칼집 모양을 하고 있고 몸무게는 약 23킬로그램 정도로 추정된다고 한다.

　보통 새들처럼 도도새도 하늘을 날 수 있었지만 모리셔스에는 이들의 천적이 없었다. 주로 나무 열매를 주식으로 먹던 도도새는 먹이가 풍부하니 굳이 힘들게 날아오를 일이 없어지자 점차 날개가 퇴화되었다. 날지 못하는 도도새는 땅에 둥지를 틀고 알을 낳고, 나무에서 떨어지는 과일을 먹고 살았다.

그러던 1505년 포르투갈 선원들이 상륙하면서 모리셔스는 향료 무역을 위한 중간 경유지가 되었다. 이때부터 도도새에게 큰 위기가 닥쳤다. 배고픈 선원들은 고기를 얻기 위해 도도새를 사냥하기 시작했고 많은 새가 죽어 갔다. 몇 년 후 네덜란드 사람들은 이 섬을 죄수들의 유배지로도 활용했는데, 이때 죄수들뿐 아니라 원숭이와 돼지, 생쥐도 따라 들어왔다.

도도새의 둥지는 땅바닥에 있어 쉽게 찾을 수 있었는데, 이 동물들은 도도새의 알을 닥치는 대로 먹어 치웠다. 도도새 어미는 사람들이 잡아먹고 새알은 동물들이 먹어 치우는 바람에 포르투갈인들이 이 섬나라에 발을 디딘 지 100년 만에 도도새는 급격히 줄어들고 희귀종 신세가 되어 버렸다. 이후 1681년 마지막 도도새가 죽으면서 끝내 멸종되고 말았다.

도도새의 멸종은 그들만의 불행으로 끝나지 않았다. 도도새가 멸종된 후 어쩐 일인지 숲이 점점 시들해져 갔다. 그 가운데서도 개체 수가 늘지 않는 식물이 있었다. 1992년에 한 과학자가 조사한 바에 따르면 당시 모리셔스에는 카바리아 나무가 13그루밖에 없었는데, 모두 300살이 넘었다고 했다.

연구자들은 카바리아 나무가 300년 전에 번식을 멈춘 까닭이 도도새의 멸종과 연관이 있다는 것을 밝혀냈다. 카바리아 나무는 스스로 번식하지 못하고 새의 소화 기관을 통해서 번식하는 특징이 있다. 도도새가 카바리아 나무 열매를 먹고 소

화시킨 후 여기저기 돌아다니면서 똥을 싸면 똥과 함께 배출된 나무 열매가 싹을 틔워서 나무가 번식할 수 있었던 것이다. 도도새와 카바리아 나무는 서로를 돕는 공생 관계였다. 이후 사람들은 도도새와 비슷한 소화 기관을 가진 칠면조를 섬에 옮겨 와 카바리아 나무를 살리고 숲도 살렸다고 한다.

옐로스톤의 늑대

1872년 미국의 옐로스톤 국립공원은 국립공원이라는 제도가 처음 만들어지며 탄생한 세계 최초의 국립공원이다. 미국 서북부 와이오밍주 화산 지대에 있는 옐로스톤은 깊은 협곡과 물이 솟아오르는 웅덩이, 끓는 진흙, 무지갯빛 간헐천 같은 놀랍고도 신비로운 자연환경을 간직한 곳이다. 그뿐만 아니라 아메리카들소, 엘크(말코손바닥사슴), 아메리카흑곰, 퓨마 같은 다양한 동물이 살고 있는 야생동물의 천국이다. 그중에서도 늑대는 미국 대륙뿐 아니라 캐나다와 북극까지 너른 지역에 살고 있다.

1800년대 미국 사람들은 목축을 시작하면서 가축을 공격하는 늑대를 사냥하기 시작했다. 이때부터 늑대 수가 줄어들기 시작했는데, 1914년부터 미국 의회가 엘크를 보호하기 위해 늑대를 비롯한 농업과 가축에 해로운 동물들을 없애기로 하면서 본격적으로 줄어들었다. 이렇게 1926년까지 옐로스톤 지역에서 늑대 136마리를 사냥하는 것을 끝으로 이곳의 모든 늑대 무리가 사살되었다.

그런데 세월이 흐르면서 예상치 못한 일이 벌어졌다. 옐로스톤 국립공원의 땅과 나무, 그리고 강이 점점 피폐해지기 시작한 것이다. 늑대는 덩치가 아주 큰 사슴류인 엘크를 사냥해서 먹고 살았는데, 늑대가 사라지자 엘크를 비롯한 초식동물 수가 부쩍 늘어났다. 엘크는 초지의 나무와 풀을 닥치는 대로 먹어치웠다. 어린 사시나무와 버드나무가 자랄 틈이 없었다. 풀숲이 줄어들자 강둑도 자주 무너졌고, 물고기에게도 그 여파가 미쳤다. 큰 나무가 줄어드니 비버가 댐을 만들 재료인 나뭇가지도 부족해지며 생태계 균형이 점점 깨져 갔다.

이런 변화가 생기고 나서야 사람들은 엘크 수를 적정하게 유지하게 해 주는 상위 포식자가 필요하다는 것을 깨달았다. 한때 엽총으로 엘크를 사냥해서 솎아 내기도 하고, 캐나다나 다른 곳으로 보내기도 했지만, 국립공원 생태계에 언제까지나 사람이 개입할 수는 없는 노릇이었다. 결국 늑대를 다시 들여오기로 결정하고, 1995년 캐나다에서 늑대 14마리를 계곡에 풀었다. 늑대들은 점차 새로운 지역에 적응하여 2014년에는 83마리까지 늘어났다.

늑대 수가 늘자 엘크 수는 점차 줄어들었고, 이들이 먹어 치우는 식물 양이 줄어 다시 숲이 무성해졌다. 늑대는 코요테도 잡아먹었다. 코요테 수도 반으로 줄어들고, 남은 코요테들도 평원에서 바위산으로 이동했다. 코요테가 줄어드니 이들이 잡아 먹던 여우 수는 늘어났다. 여우 먹이가 되는 쥐와 토끼, 땅에 집을 짓는 새 같은 동물이 줄어들었다. 작은 동물들이 즐겨 먹던 식물들이 살아나고 곤충 수도 늘어났다. 식물이 무성해지니 비버도 냇물에서 나뭇가지를 모아 다시 댐을 만들 수 있었다. 비버가 만든 댐은 물고기와 수생식물에게도 좋은 영향을 주었다. 이런 변화는 아주 천천히 일어났지만, 자연 생태계의 생명들은 꼬리에 꼬리를 물고 서로가 서로에게 영향을 준다는 사실을 알려 주었다.

호랑이와 호식총

앞에서 말했듯 우리나라 숲에는 호랑이가 살았다. 호랑이가 숲속 어딘가에서 으르렁거리고 포효하면 사람을 포함하여 모든 살아 있는 산짐승과 날짐승이 화들짝 놀라 줄행랑칠 정도로 그 기세가 대단했다. 마을마다 호랑이에 관한 전설과 속담도 많고 범골, 범소, 호암, 뼈바위 같은 호랑이에 관한 지명도 전국 곳곳에 남아 있다.

강원도 태백산을 중심으로 태백, 정선, 삼척, 봉화, 울진 같은 첩첩산중 바위 둔덕에는 호식총이라는 독특한 분묘가 있다. 호랑이에게 잡혀가 죽은 사람의 무덤인 호식총은 태백산 일대에만 해도 160여 기가 있다. 호식총은 사람의 주검을 화장한 뒤 돌을 쌓고 그 위에 시루를 엎고 시루 구멍에다 물레에 쓰는 쇠가락을 꽂아 놓은 무덤이다.

돌을 쌓은 까닭은 신성한 곳이라는 것을 표시하기 위해서이기도 하지만 사실은 창귀가 나오는 것을 막기 위한 심리적인 이유가 더 컸다. 창귀는 호랑이에게 잡아먹힌 사람이 자기 대신 다른 사람을 호랑이 먹잇감으로 만들고 자신은 호랑이의 굴레에서 벗어나려고 하는 악질 귀신이다. 그래서 사람들은 돌로 무덤을 단단히 쌓아서 이 창귀가 빠져나오지 못하게 하고, 무덤에는 풀이 자라지 않게 하여 행여나 벌초하다가 창귀에게 걸려드는 것을 막으려고 했다.

돌무덤 위에 얹은 시루는 철옹성을 뜻하는데, 모든 것을 찌고 삶는 시루를 엎어 놓으면 사악하고 불결한 창귀도 그 안에서 꼼짝달싹 못 하리라 생각했다. 그리고 쇠가락을 꽂아 놓은 것은 벼락을 상징한다. 시루에 있는 9개 구멍으로 귀신이 빠져나갈 수 없게 하고 물렛가락처럼 창귀도 묘 안에서 맴돌기만 하고 나오지 말라는 뜻이다. 호식총은 귀신을 물리치는 주술이자 다음 희생자를 막으려는 간절함에서 만든 것이었다. 이렇게 호랑이에게 희생당한 사람이 다시 다른 이에게 해를 입힌다고 생각할 정도로 옛사람들은 호랑이에게 공포를 느끼고 많이 두려워했다.

우리나라에 살았던 호랑이는 전 세계에 살고 있는 9개 아종 호랑이 가운데 가장 덩치가 크고 누런 바탕색에 검은색 줄무늬가 뚜렷한 아무르호랑이다. 중국과 러시아, 우리나라 일대에 사는 아무르호랑이는 지역에 따라 백두산호랑이, 시베리아호랑이, 동북호랑이라고 다르게 부르지만 모두 같은 종이고, 전 세계 호랑이 가운데 가장 북쪽 지방에 살고 있다.

이 아무르호랑이는 현재 중국 지린성과 헤이룽장성, 러시아 연해주와 하바롭스크 일대에 400~500마리가량 살고 있는데 남한에선 멸종되고 말았다. 통일이 되어 철조망이 사라지고 백두대간을 따라서 야생동물들이 자유롭게 이동하게 되면 남한에서도 다시 아무르호랑이가 살 수 있게 될까?

호랑이가 사라진 우리 숲

　어느덧 호랑이가 사라진 후 100년이 흘렀다. 우리나라 숲에는 어떤 변화가 생겼을까? 가장 큰 변화는 호랑이와 표범 같은 맹수의 먹이가 되었던 멧돼지와 고라니 같은 동물의 수가 늘었다는 점이다. 자연 생태계에서는 먹고 먹히는 먹이사슬이 형성되어 있어서 개체 수가 자연스럽게 조절되었지만 상위 포식자가 사라지고 나서는 그 아래 단계에 속하는 동물의 수가 늘어났다. 이제 우리 숲에는 멧돼지와 삵, 담비 같은 동물들이 최고 포식자가 되었다.

　여러 개발 사업으로 숲의 면적은 점점 줄어들고 탐방객들이 몰려와 동물들의 안정적인 서식지도 줄어들고 있는데 멧돼지 수만 늘어났다. 그 가운데 영역 다툼에서 밀려난 개체들이 먹이를 구하지 못해 도심이나 논밭으로 내려온다. 그리고 농민들이 애써 가꾼 고구마와 옥수수 같은 농작물을 함부로 뜯어먹어 한 해 농사를 망친다. 길을 잘못 들어 도심까지 내려온 녀석들은 이곳저곳을 누비고 다니며 사람들을 혼비백산하게 만들어 텔레비전 뉴스에 등장하기도 한다. 개체 수가 늘어난 고라니 역시 채소밭에 들어가 정성껏 가꾼 농사를 망치곤 한다. 그러자 농민들은 밭둑에 그물망 울타리나 전기 울타리를 쳐서 야생동물 때문에 입는 피해를 줄이려고 애쓰게 되었다.

　또 다른 변화는 숲을 찾는 사람들에게 두려움과 경외심이 사라졌다는 것이다. 호랑이와 표범이 살았던 시절 사람들은 깊은 산에 혼자 가거나 여기저기 함부로 헤집고 다닐 수 없었다. 옛사람들은 다른 마을로 가는 길목, 고갯마루를 넘기 전에 서낭당이나 거대한 고목 앞에서 무탈하기만을 간절히 빌었다.

우리 숲에는 뱀이나 말벌, 진드기, 멧돼지같이 조심해야 할 동물들이 있긴 하지만 호랑이가 주던 공포에 비할 바가 아니다. 숲이 너무 안전해진 셈이다. 만일 우리 숲에 호랑이가 살아 있었다면 사람들이 캠핑이나 야영을 하면서 돗자리를 펴고 앉아 고기 굽는 일은 절대 할 수 없을 거라고 야생동물 전문가들은 말한다. 고기 냄새를 맡은 맹수가 어디선가 눈을 번뜩이며 기회를 노렸을 테니 말이다. 야생 숲이 누구나 쉽게 찾아가서 즐기는 유원지처럼 변하는 것이 좋은 일만은 아니다.

옛사람들은 숲을 공경하고 신령스러운 곳으로 여겼지만, 요즘 사람들은 산을 휴가를 가는 곳, 등산이나 산책, 암벽 타기 같은 취미 생활을 하는 곳, 체력 훈련이나 극기 훈련 하는 곳으로 여긴다. 해발 1000미터가 넘는 정상에 빨리 올라 인증 사진을 찍는 곳으로 여기거나, 노래를 부르거나 고함을 지르면서 시끌벅적하게 즐기는 곳으로 생각하는 사람도 있다. 등산로 입구에는 산을 찾아오는 사람들을 상대하는 식당과 민박집, 기념품 가게 같은 상점이 들어선 건물들이 즐비하고, 주차장도 많이 있다. 또 놀이 시설 같은 다양한 건물이 들어서며 개발 사업이 이어지면서 울창했던 숲이 점점 사라지고 있다.

한 지역의 환경 보전 정도를 알 수 있는 지표가 되고, 그 지역의 생태계를 대표하는 상징 동식물종을 깃대종(flagship species)이라고 한다. 깃대종은 1993년 유엔환경계획(UNEP)이 생물 다양성을 지키는 방안으로 제시한 개념이다. 시베리아호랑이, 두루미, 판다, 코알라 같은 국제적으로 인정받는 종이 있고 강원도 홍천의 열목어처럼 특정 지역에만 살면서 그 지역 생태계의 지표가 되는 종도 있다.

한 종을 보전하면서 다른 생물의 서식지도 함께 지키고, 지역마다 가장 대표적인 깃대종을 선정하여 멸종을 막는 보전 활동을 벌이기도 한다. 우리가 사는 곳에서 생태적·지리적·문화적 특성을 반영하는 동식물은 무엇일까? 이 종이 사라지면 우리 삶에는 어떤 영향을 미칠까?

- 깃대종

자연 생태계에 살고 있는 여러 종 가운데 특정 지역의 대표가 되는 종을 말한다. 환경 보전 정도를 대표하고, 복원의 증거가 되기도 한다. 국립공원공단에서 지정한 우리나라 깃대종은 지리산의 반달가슴곰, 설악산의 산양, 한라산의 구상나무, 다도해의 상괭이(돌고래), 변산반도의 부안종개, 북한산의 오색딱다구리, 치악산의 금강초롱꽃 들이 있다.

- 핵심종

멸종되면 다른 모든 생물종에 결정적인 영향을 미치는 종을 말한다. 생태계의 종 다양성을 유지하는 데 중요한 역할을 하는 종으로, 불곰, 수달, 해달, 코끼리 들이 있다. 깃대종은 한 지역의 생태계를 대표하는 종이지만 그 종이 없어진다고 해서 치명적인 영향이 생기지는 않는다. 하지만 핵심종이 사라지면 생태계 균형이 깨지므로 더 중요한 역할을 한다고 볼 수 있다.

- 지표종

특정 지역의 환경 상태를 측정하는 척도로 이용되는 생물종을 말한다. 지표종을 조사해 보면 서식지의 기후, 토양, 환경 특성을 파악할 수 있다. 예를 들어 민물고기와 옆새우, 플라나리아, 곤충의 유충을 살펴보면 그곳의 물이 얼마나 오염되었는지를 알 수 있다.

그 많던 여우는 어디로 갔을까?

여우에 대한 오래된 오해

여우는 억울하다. 숲속의 왕인 호랑이는 용맹하고, 소는 듬직하며, 사슴은 아름답다고들 말한다. 사람들은 오랜 세월 동물을 관찰하여 동물의 특징과 장점을 살려서 저마다 연상되는 이미지를 만들었다. 그런데 유독 늑대와 여우에게는 푸대접이다. 음흉한 남자는 늑대, 교활한 여자는 여우라고 한다. 이런 푸대접은 늑대보다 여우에게 더 심하다. '여우를 보면 재수 없다' '계집이 늙으면 여우가 된다' '꼬리가 아홉 달린 천년 묵은 구미호' 같은 말도 있고, 여우가 무덤 위에서 팔딱팔딱 재주를 넘더니 소복 입은 귀신으로 변했다는 전설까지 있을 정도다.

여우에게 좋지 않은 이미지가 생긴 까닭은 아마도 첫인상 때문일 것이다. 개와 닮았지만 주둥이가 길고 뾰족해서 날카로운 인상을 지녔다. 그리고 잔꾀를 잘 쓴다. 사냥개나 사람에게 쫓길 때 무조건 냅다 도망가는 것이 아니라 갑자기 방향을 바꿔 뛰고, 자기 냄새를 맡지 못하도록 순식간에 나무 위로 뛰어올라서 상대를 따돌리기도 한다. 그뿐 아니라 순발력이 있어 몇 킬로미터를 단숨에 내달리고, 2미터 담을 훌쩍 뛰어넘기도 하고, 수영도 잘한다. 뒤쫓는 자에게는 약삭빠르게 보일지 몰라도, 약육강식의 냉혹한 경쟁 세계에서 살아남아야 하는 여우로서는 재빠르고 지혜롭게 행동하는 것일 뿐이다.

여우는 무덤을 파서 죽은 사람을 먹는다는 오해도 받는다. 여우는 바닷가부터 높은 산까지 종횡무진 돌아다니지만 숲이 우거진 곳보다는 하늘이 보이는 풀밭이나 논밭, 강가, 숲의 가장자리나 탁 트인 풀밭을 좋아한다. 그런데 여우들이 좋아하는 이런 곳은 사람들이 사는 마을과 가깝고 보통 무덤이 자리 잡고 있다. 여우는 양지바른 흙 둔덕이나 무덤 밑에 굴을 파고 새끼를 낳아 기른다. 이런 습성 때문에 무덤을 파서 죽은 사람을 먹는다는 오해를 받았다. 하지만 이는 포식자의 눈을 피해서 주로 밤에 활동하고 무덤가에 나타나니 겁에 질린 사람들이 만들어 낸 말일 뿐이다.

실제로 여우는 육식을 좋아하긴 하지만, 죽은 사람을 먹는 것은 당연히 아니다. 잡식성인 여우는 작은 포유류를 잡아먹는다. 고라니와 노루, 쥐, 새, 새알, 개구리, 물고기, 곤충 들을 즐겨 먹고 식물 열매도 먹는다.

흙굴에 사는 여우는 직접 굴을 파기도 하지만 다른 동물의 굴을 이용하기도 한다. 굴을 잘 파는 오소리가 외출한 틈을 타서 몰래 굴 안에 들어가 여기저기 똥과 오줌을 싸서 더럽혀 놓고는 잽싸게 도망친다. 집에 돌아온 오소리는 고약한 여우 지린내를 참지 못하고 굴을 버리고 떠나 버린다. 그럼 자연스럽게 여우가 그 굴을 차지하는 것이다. 이것 역시 꾀 많은 여우가 살아가는 생존 방법이다.

여우굴은 양지바른 숲이나 초원 지대 같은 완만한 지역에 있는데, 그 안은 어지럽게 얽혀 있다. 이리저리 복잡한 구조로 터널을 만들어 천적이 들어오기 힘들게 설계한 것이다. 큰 굴은 출입구가 10개 이상 되고, 전체 길이가 30미터를 넘기도 한다. 여우는 짝짓기할 때 말고는 혼자 사는데 어떤 암컷은 독립하지 않고 어미와 함께 살기도 한다. 어미의 생활권을 이어받아 새끼를 안전하게 키우는 능력을 배우려는 것이다. 30미터가 넘는 긴 굴은 할머니가 처음 파서 살던 곳을 어머니와 딸이 대대로 이어서 확장 공사를 한 곳이다.

전 세계에서 가장 넓은 지역에 살고 있는 여우는 붉은여우다. 몸의 털은 갈색에서 붉은색을 띠고, 꼬리는 길고 풍성하며 꼬리 끝은 흰색이다. 다리에는 장화를 신은 것처럼 검은 털로 덮여 있다. 새끼 때는 잿빛에서 회색 사이였다가 자라면서 점차 어미와 같은 붉은색을 띤다. 이 붉은여우는 지구에서 열대우림을 제외한 거의 모든 대륙에 살고 있고 사막 지대까지 골고루 분포해 있다. 유럽 전역과 북아프리카, 북아메리카 전역, 멕시코에도 살고 있고, 호주에 굴토끼 개체 수가 너무 늘어나자 영국의 여우를 풀어놓으면서 호주까지 서식지가 넓어졌다.

이처럼 여우는 전 세계에 골고루 분포하고 있고 열악한 환경에서도 잘 적응하고 사는 생명력이 강한 동물이다. 그런데 어쩐 일인지 우리나라에서만 멸종되고 말았다. 과연 무슨 일이 있었던 것일까?

천연 가죽을 얻는 방식

여우는 전국에서 흔히 볼 수 있었던 동물이었다. 1960년대까지도 야산에서 여우가 번식할 정도로 꽤 많은 수가 살고 있었다. 그러나 개체 수가 점점 줄어들어 이제 야생 여우는 거의 멸종된 것으로 보고 있다. 1980년대 강원도 양구에서 여우 사체가 발견된 이후로 소식이 없다가 2004년에 양구에서 다시 사체가 발견되면서 야생 여우의 생존 가능성에 기대를 걸었지만, 그 이후에 보고된 바 없다.

우리나라에서 여우가 사라진 주된 원인과 관련하여 야생동물 전문가들의 주장은 크게 두 가지로 나뉜다. 하나는 쥐약이나 농약 같은 독극물 때문이라는 주장이고, 또 하나는 밀렵 때문이라는 주장이다. 독극물 때문에 여우가 사라졌다고 주장하는 전문가들은 여우 개체 수가 줄어들기 시작한 시점에 주목한다. 1960~1970년대 전국적으로 쥐잡기 운동을 벌였던 당시, 사람들은 쌀과 보리를 갉아먹는 쥐를 없애기 위해 집집마다 쥐약을 놓았다. 이때 쥐약을 먹고 죽은 쥐를 다시 여우가 잡아먹으면서 2차 중독되어 여우 수가 점점 줄어들기 시작했다는 것이다. 또 야산에 뿌린 농약 같은 독극물에 중독된 꿩과 고양이, 개를 여우가 잡아먹고 2차 중독되어 죽었으리라 추정한다.

다른 주장을 하는 전문가들도 있다. 여우가 쥐약에 중독된 쥐를 잡아먹을 확률은 상대적으로 낮다는 것이다. 쥐약은 주로 집 안이나 집 주변 쥐가 자주 다니는 통로에 놓기 마련이다. 쥐가 이 약을 먹고 죽으면 집에 사는 개나 고양이가 쥐의 사체를 먼저 차지할 확률이 높다고 말한다. 그다음 차례는 집 근처에 사는, 쥐 같은 설치류 전문 사냥꾼인 족제비에게 돌아간다. 그에 비해 마을과 한참 떨어진 야산에 사는 여우가 쥐약에 중독된 집쥐를 차지할 확률은 매우 낮다는 것이다. 이 전문가들은 결국 밀렵 때문에 여우가 사라졌다고 주장한다.

실제로 여우는 부드러운 모피 때문에 밀렵의 표적이 되었다. 1945년 전부터 1960년대까지 여성들 사이에서 여우 목도리가 크게 유행했다. 잘사는 귀부인들은 부를 과시하기 위해 한복이나 정장 위에 여우 목도리를 했고, 유행을 앞서가는 여성들도 여우 목도리를 구하려고 애를 썼다. 1927년 당시 개 모피는 5원이었는데, 여우 모피는 25원으로 다섯 배나 비쌌다. 그러니 너도나도 여우 잡기에 나섰고, 이로 인해 여우 개체 수가 줄어들었다는 것이다.

전문가들은 이 외에도 서식지 감소, 불법 포획 같은 요인이 작용했으리라 추정한다. 어떤 원인 때문이든 인간의 영향이 컸다는 것은 분명하다.

인간이 동물의 가죽을 이용하기 시작한 것은 수렵 생활을 했던 선사시대부터였다. 따뜻하고 아름다운 빛깔을 가진 털과 질긴 가죽은 자연에서 얻은 어떤 재료보다 좋았다. 동물을 잡으면 기름진 고기는 요리해서 맛있게 먹고, 튼튼한 뼈는 사냥 도구나 장신구로 만들고, 털과 가죽은 옷이나 모자, 신발 같은 생활필수품으로 만들어 썼다. 춥고 혹독한 겨울을 동물의 털과 가죽 덕분에 날 수 있었다. 우리는 지금도 가죽 제품을 좋아한다. 그것도 인조 가죽이 아닌 동물 가죽의 질감을 그대로 살린 천연 가죽을 사랑한다.

동물 가죽으로 가장 흔한 것은 소가죽이다. 카프 스킨(calf skin)은 생후 6개월 미만의 송아지 가죽으로, 소가죽 가운데 가장 얇고 가볍고 부드러워 고급 핸드백이나 지갑, 옷, 구두를 만든다. 키프 스킨(kip skin)은 생후 6개월에서 2년 된 중소 가죽인데, 질기고 두껍고 거칠어 구두와 핸드백으로 만들고, 2년이 지난 카우 스킨(cow skin)은 가방과 구두로 가장 널리 쓰는 가죽이다. 태어난 지 1년이 안 된 염소 가죽은 질감이 뛰어나고

부드러워 고급 여자 구두와 장갑을 만들고, 1년이 지난 염소 가죽은 구두와 핸드백 안감재로 쓴다. 또 양가죽은 옷과 장갑을 만들고 물소 가죽은 두껍고 거칠지만 잔잔한 무늬가 아름다워 고급 구두와 핸드백, 가방으로 만든다. 독특한 돌기가 있어 인기 높은 타조 가죽은 최고급 구두를 만들 때 쓴다.

비늘과 결이 있는 파충류는 포획하기 어렵고 한 마리에서 얻을 수 있는 가죽의 양도 적어서 가격이 비싸다. 특히 '가죽계의 다이아몬드'라고 하는 악어가죽은 요철 무늬가 특이하여 값이 매우 비싸다. 독특한 무늬가 있는 뱀과 장어 가죽, 질기고 튼튼한 말가죽은 물론 캥거루, 비단구렁이, 참치, 상어, 코끼리, 연어 가죽으로도 제품을 만든다. 이렇게 가죽을 얻는 동물은 무려 220종이나 된다. 그런데 우리가 더 자세히 알아야 하는 것이 있다. 바로 가죽을 얻는 방식이다.

명품 가죽의 비밀

야생 여우의 개체 수가 줄어들어 여우 가죽을 얻을 수 없게 되자 사람들은 동남아시아나 중국에 있는 동물 농장에서 여우를 사육하기 시작했다. 모피를 얻기 위해 사육되는 여우의 생활 공간은 0.5제곱미터다. 이것은 가로세로 높이가 각각 1미터인 상자의 4분의 1에 해당하는 좁은 공간으로, 야생 여우의 활동 공간과 비교하면 25만분의 1에 지나지 않는다. 이렇게 사육 공간을 좁게 만드는 까닭은 동물의 움직임을 최소로 줄여야 부드러운 털을 얻을 수 있기 때문이다. 여우는 좁고 어두운 우리에 갇혀 평균 7년을 살아야 하고, 전기 충격이나 가스 질식, 목 부러뜨리기 같은 방법으로 도살된다.

밍크와 너구리, 토끼, 친칠라같이 모피 때문에 사육되는 동물들의 사정도 마찬가지이다. 농장 주인에게 동물은 생명이 아니라 최고급 상품을 만들 수 있는 좋은 재료일 뿐이다. 모피 코트 한 벌을 만들기 위해서는 여우 20마리, 밍크 70마리, 친칠라 200마리가 죽어야 한다.

더 잔인한 방법을 쓰기도 한다. 좋은 모피와 가죽을 얻으려면 동물이 흙바닥에서 뒹굴거나 다른 동물과 싸워 상처를 입지 않아야 한다. 즉 어릴 때일수록 좋다. 그래서 태어난 지 한 달이 안 된 어린 동물의 가죽을 벗기고, 배 속에 있는 새끼에게도 손을 뻗는다. 임신한 어미 양을 새끼를 낳기 직전 막달에 죽여서 배를 가르고 배 안에 있는 새끼 양을 꺼내서 모피를 벗긴다. 태어나기 전에 얻은 이 양털 가죽은 실크처럼 빛나는 광채가 있어 패션 업계에서 아주 고급품으로 거래된다.

소나 양, 염소처럼 흔히 쓰는 가죽은 가축으로 기른 뒤 고기를 얻고 남은 가죽을 활용한다. 하지만 오직 가죽을 얻기 위해 야생에서 잡아들이는 경우도 있다. 멸종 위기 동물마저 예외가 아니다. 오히려 희소성이 높아 더욱 비싸고 인기가 많다.

연예인들은 가죽 옷이나 천연 털이 달린 옷을 입고 명품 가방을 매고 방송에 나온다. 매우 비싼 제품일 뿐 아니라 한정판이라 구하기 힘들었다고 말한다. 그것을 보는 시청자들은 연예인처럼 입으면 상류층이 된 듯, 뭔가 대단한 걸 이룬 것 같은 착각에 빠져 비싼 제품을 구하려고 애를 쓴다. 그러나 희소성이 높은 제품을 만드는 과정에는 관심을 두지 않는다. 멸종 위기종이 포획되고 야생동물이 잔인하게 죽어 나가는 현실은 외면하거나 굳이 알려고도 하지 않는다. 그러나 우리는 우리의 소비가 생물종과 환경에 어떤 영향을 미칠지 생각해야 한다.

여우를 위협하는 것

우리 땅에서 야생 여우가 사라지고 나서 어떤 변화가 생겼을까? 여우는 전염병을 옮기는 들쥐를 잡아먹고 동물의 사체를 처리하여 자연 생태계를 깨끗하게 청소하는 역할을 했다. 여우가 사라지자 산과 들에는 들쥐가 많아졌다. 들쥐가 늘어나자 전염병을 옮기고, 곡식을 갉아 먹었다. 사람들은 다시 들쥐를 잡기 위해 애를 쓴다. 해마다 이런 일이 되풀이되었다.

2012년 11월부터 소백산을 중심으로 국립공원공단에서는 여우 복원 사업을 시작했다. 여우가 야생에서 새끼를 낳고 건강하게 살 수 있도록 서식지를 보호하고 행동권을 연구하는 것 같은 다양한 노력을 기울이고 있다. 또 여러 해 동안 여우를 방생하여 2020년 현재 81마리(방사 67마리, 야생 출산 14마리)가 야생에서 살고 있다. 그러나 여우는 겁이 많고 스트레스에 극도로 민감한 편이라 복원 사업이 쉽지 않다고 한다.

지금 여우에게 가장 위험한 것은 야생동물의 목숨을 노리는 밀렵 도구와 로드킬이다. 논밭, 과수원 주변에 야생동물의 피해를 막으려고 설치한 밀렵 도구로 인해 여우가 피해를 입는다. 또 인간의 생활권 주변에 서식하는 특징이 있는 여우는 마을과 이어지는 도로를 건너다 당하는 교통사고인 로드킬로도 목숨을 잃는다.

저마다 이 세상에 태어난 까닭이 있듯, 동물 역시 생태계에서 제 몫의 위치와 역할이 있다. 그 질서가 흐트러지면 자연 생태계에는 예기치 못한 문제가 일어난다. 그 여우 목도리는 꼭 필요했을까? 모피 코트를 입어야 할 만큼 우리나라의 겨울 추위가 매서울까? 지금 내가 고르고 사는 가방과 신발은 어떤 종류의 가죽일까? 그것이 꼭 동물의 목숨을 빼앗은 천연 가죽으로 만든 제품이어야만 했을까?

산양은 왜 바위벼랑에서 살고 있을까?

왜 하필 바위벼랑일까?

산양의 취향은 독특하다. 왜 하필 이렇게 힘든 곳을 보금자리로 삼았을까? 나는 지금 산양의 집을 찾아가고 있다. 얼마나 올라온 걸까? 하늘 높은 줄 모르고 우람하게 뻗은 전나무도 어느새 발아래에 있다. 가파른 산자락을 올라 바위 너덜 지대를 허위허위 지나자 하늘이 열렸다. 가슴이 탁 트인다. 바로 이곳이다. 큰 바위 아래 아늑한 곳, 계곡과 건너편 산 능선까지 한눈에 바라볼 수 있는 탁 트인 이곳이 산양의 집이다.

산양은 탁월한 안목을 가진 게 분명하다. 사방으로 시원하게 트인 풍경을 바라보며 앉아 있으니 세상 어느 곳보다 아름답고 편안하다. 산양은 어젯밤에도 여기서 잠을 잤는지 움푹 팬 흙에 털이 남아 있고, 똥도 있다. 콩자반을 닮은 까만 똥에는 아직 촉촉한 윤기가 남아 있다. 산양은 드넓게 펼쳐진 풍경을 바라보며 무슨 생각을 했을까? 하지만 감상에 젖기엔 이곳은 너무 위험하나. 발아래는 내려다보기만 해도 현기증이 날 만큼 아찔한 바위벼랑이기 때문이다. 자칫 발을 잘못 디디면 위험한 상황이 벌어질 수 있다. 산양은 왜 이렇게 아슬아슬한 곳을 보금자리로 삼았을까?

산양은 바위 타기 선수이다. 위태위태한 바위벼랑도 가볍게 오르고, 큰 바위와 바위 절벽도 힘들지 않게 오가며 생활한다. 바위를 오르기에 좋은 모양과 재질을 지닌 발굽 덕분이다. 험한 바위가 많아서 사람이나 천적이 접근하기 어려운 이곳이 산양들에게는 가장 안전한 보금자리이다.

얼핏 보면 산양은 염소를 닮았다. 하지만 염소는 온몸에 검은 털이 나 있고 턱에 수염이 있는데, 산양은 수염이 없고 갈색, 검은색, 회색, 흰색 털이 부위별로 다르게 나 있다. 뿔 모양도 서로 다르다. 작은 뿔에 난 고리 모양의 주름을 보고 나이를 짐작할 수 있다. 산양은 이런 자신의 외모가 무척 마음에 든 모양이다. 생명체들이 저마다 살기에 유리한 방향으로 진화하고, 자기 외모에 만족하지 못해 성형 수술을 감행하는 사람들까지 있는 마당에, 산양은 지구에 나타난 뒤로 거의 변화하지 않고 태초의 모습을 그대로 간직하고 있다.

작은 체구와 짧은 다리, 매년 한 마디씩 자라나는 뿔이 바로 원시시대부터 이어 온 특징인데, 지금도 여전히 그 모습 그대로 유지하고 있다. 빙하기의 혹독한 생존 환경을 극복하고 지금까지 살아남은 산양은 한반도와 주변 지역 지질 시대의 생성과 발달 관계를 규명하는 데 아주 중요한 지표생물이다. 그래서 학자들은 산양을 '살아 있는 고대동물, 화석동물'이라고 한다.

이처럼 산양은 바위도 잘 타고 외모도 위풍당당하여 성격이 까다로울 것 같지만 실제론 한없이 온순하다. 경계심이 강해서 다른 동물을 만나면 공격하지 않고 조심스럽게 피해 다닐 뿐이다. 또 특정 지역을 보금자리로 정하고 나면 그곳에서 평생을 산다. 그리고 사람이 화장실을 이용하듯 같은 자리에 똥을 싼다. 이것을 '똥 자리'라고 하는데, 보금자리에는 오랫동안 차례차례 싼 똥이 수북이 쌓여 있다. 산양은 오가는 길에 서 있는 나무줄기에 뿔을 비벼 나무껍질을 한 뼘쯤 벗겨 놓는다. 이 뿔질은 자신만의 영역 표시이자 의사소통법이다.

설악산에서는 무슨 일이 벌어지고 있을까?

1960년 이전에 산양은 전국에서 흔히 볼 수 있었다. 추운 겨울철 산간 지방에서는 산양 털과 고기를 얻기 위해 적은 수를 밀렵했는데, 일제강점기와 6.25전쟁 무렵부터 밀렵꾼이 늘어나면서 점차 개체 수가 줄어들기 시작했다. 산양이 산과 바위를 잘 타니 뼈와 관절에 좋을 거라는 근거 없는 속설이 퍼진 후로 산양을 닥치는 대로 잡아들여 보양식을 만들고 털과 가죽을 이용했다. 1965년부터 1967년 강원도 지역에 유난히 자주 내린 폭설로 많이 죽기도 했다. 이때 눈에 갇힌 산양을 마구잡이로 잡아들여 무려 6000마리가량을 잡았다고 한다. 이 무렵에는 설악산 자락에 있는 집집마다 산양 가죽이 몇 개씩 걸려 있고, 속초 시장에는 산양을 진열해 놓고 팔 정도였다. 그러자 산양 수가 급격히 줄어들었다. 결국 1968년 정부에서 산양을 천연기념물 제217호로 지정하여 국가에서 보호하게 되었다.

그 후 새마을 운동과 경제 성장을 앞세워 건물을 세우고 도로를 닦으면서 산양의 삶터도 줄어들었다. 산 중턱까지 도로가 닦이고, 도로로 산을 아예 에워싸기도 했다. 광산과 관광지 개발도 계속되어 숲이 단절되거나 사라지기도 했다. 그러자 산양은 점점 더 높고 험한 곳으로 밀려나게 되었다.

산양은 히말라야에서 중국을 거쳐 러시아의 아무르, 우수리 지역과 한반도에서 살고 있다. 우리나라에는 설악산과 오대산, 강원도 비무장 지대와 양구, 화천, 삼척과 울진에만 겨우 몇 마리 남아 있을 뿐이다. 최근 월악산과 속리산에서 산양 복원 사업을 열심히 벌여서 조금씩 수가 늘고 있다. 이 지역들은 대부분 바위가 많고 높은 산으로 겹겹이 둘러싸인 특징이 있다.

설악산은 1970년 국립공원으로 지정되었고, 1982년에는 유네스코(UNESCO) 생물권 보전 지역으로 지정되었다. 또 2005년 국제자연보전연맹(IUCN) 카테고리II에도 등재되는 등 세계에서도 인정한 보전 가치가 있는 산이다. 계절마다 설악산의 아름다움을 즐기려고 사람들은 설악산을 찾는다. 봄에는 수학여행, 여름에는 피서, 가을에는 단풍 구경, 겨울에는 눈꽃 산행과 빙벽 등반을 하려고 사람들이 찾아온다.

설악산의 가장 큰 문제는 너무 많은 사람들이 찾아든다는 것이다. 1년에 탐방객 300~400만 명이 설악산을 찾는데, 산이 감당할 수 없을 만큼 많은 숫자이다. 사람들이 너무 많이 몰려들면서 예기치 못한 일이 벌어지고 있다. 국가에서 관리하고 보전하는 국립공원에는 산행할 수 있도록 지정한 법정 탐방로가 있다. 그런데 사람들이 정해진 길이 아니라 자연 휴식년제로 출입할 수 없도록 금지한 숲으로 들어가고, 함부로 지름길을 만들기도 한다. 또 희귀한 야생화와 군락지를 보기 위해, 산나물을 뜯기 위해 길이 없는 곳으로 들어가기도 한다. 많은 사람들이 산 정상을 향해 오르니 탐방로는 점점 흙이 쓸려 나무뿌리가 드러나고, 목재 데크와 철 계단 같은 인공 시설물이 더 많이 들어서게 되었다. 1월 1일엔 해돋이를 보려고 대청봉으로 오르는 야간 산행의 불빛이 긴 행렬을 이루고 있다.

발 디딜 틈 없이 정상에 몰려든 사람들은 기념 촬영에 여념이 없고, 크게 소리까지 지른다. 관광버스와 승용차는 산속 깊숙한 곳까지 달려와 사람들을 내려놓는다. 사람도 괴로운 자동차 매연과 소음이 숲의 생명들에게는 어떤 영향을 미칠까?

숲의 주인을 위한 산행법

설악산에는 산양이 살고 있다. 산양은 10~11월 짝짓기하여 이듬해 5~6월 낙엽을 깔아 놓은 보금자리에서 새끼를 한 마리 또는 드물게 두 마리 낳는다. 그런데 짝짓기 철인 9~10월에는 송이버섯을 따는 사람들이, 새끼를 낳는 5~6월에는 약초와 산나물을 뜯는 사람들이 설악산으로 몰려든다. 경계심이 강한 산양은 공격하거나 저항하지 않고 깊은 곳으로 숨어들기 바쁘다. 이렇게 함부로 숲에 들어가면 산양 번식에 영향을 주고, 자연히 멸종의 벼랑으로 내몰게 된다.

야생동물은 사람과 소통하는 방법을 알지 못한다. 산에서 사람들이 떠드는 소리에 위협을 받을 수밖에 없다. 그래서 사람들이 가까이 올 수 없고 인공적인 소음이 들리지 않는 곳을 찾아 점점 더 험준한 곳으로 숨어든다. 산양은 천연기념물이자 환경부가 지정한 멸종 위기 야생동물이고, 전 세계에서도 멸종 위기종으로 보호하고 있는 동물이다.

야생동물 전문가들은 남한에 산양은 900마리가량 살고 있을 것으로 추정하고 있다. 살기 어려운 환경에서라면 멸종될 수도 있는 수이다. 실제 우리 숲에서 산양을 만나기 어렵고, 산양을 잘 아는 전문가도 만나기 쉽지 않다. 그저 똥과 발자국, 잠자리와 휴식 흔적, 먹이 흔적, 나무줄기가 벗겨진 영역 표시를 보고 그들의 움직임을 따라가 볼 뿐이다.

한편 산양과 공존하는 방식을 택한 지역도 있다. 바로 경북 울진군 금강소나무 숲길이다. 이곳은 산양을 비롯한 야생동식물을 보전하고 난개발을 억제하며, 지역 주민에게 사회적·경제적 도움이 되도록 하는 생태 관광 코스이다. 이 일대는 금강송을 보호하는 '산림유전자원 보호구역'이자 산양 서식지가 있는 곳이다. 이 길은 옛날 보부상들이 울진 흥부장에서 미역과 소금, 각종 어물을 등에 지고 고갯길을 넘어 봉화와 영주, 안동 같은 내륙 지역으로 행상하러 넘나들던 십이령(열두 고개) 길이다. 탐방객들은 옛사람들의 정취를 느끼며 하늘을 향해 곧게 뻗은 금강소나무 사이를 한적하게 걸을 수 있다. 총 다섯 구간으

로 이어지는 이 길은 예약 탐방제 방식으로 관리하고 있다. 구간별로 80~100명만 선착순으로 예약받고 있고, 반드시 해설사와 동행해야 한다. 너무 많은 사람들이 몰리면 산양에게도, 숲에도 좋지 않은 영향을 미칠 수 있고, 손님을 맞이하는 주민들에게도 벅차기 때문이다.

이 숲길은 민가나 가게, 휴게소도 없는 첩첩산중을 따라 이어지는데, 주민들이 농사지은 쌀과 산나물, 채소로 따뜻하게 밥을 지어 탐방객들이 있는 곳까지 배달해 준다. 숙소는 오래된 폐교를 개조하여 만든 곳이나 민박 같은 곳을 이용할 수 있게 하여 손님들이 먹고 자고 쓰는 돈이 고스란히 지역 주민들에게 돌아가도록 하고 있다.

지역 주민들은 이런 수익으로 경제적인 이익을 얻고 산양의 서식지를 지키는 일도 함께한다. 탈진하거나 다친 산양을 구조하여 전문 기관에서 치료받을 수 있게 지원하고, 산양 서식지에 함부로 들어가지 못하도록 엄격하게 관리하는 일도 한다. 환경 단체와 연구자들 역시 산양 서식지를 꾸준히 모니터링하면서 조사하고 연구한다.

본래 숲은 고요했다. 그런데 산으로 찾아든 사람들은 마치 숲의 주인인 듯, 점령군처럼 요란하게 행동했다. 날마다 이런 일이 되풀이되자 숲의 진짜 주인들은 잔뜩 움츠린 채 숨어 살게 되었다. 과거 숲에서 산양을 노리는 포식자는 호랑이와 표범, 스라소니, 늑대, 이리, 검독수리 들이었지만, 지금 우리 숲에는 이런 포식자들을 찾아볼 수가 없다. 그러나 여전히 산양의 삶은 벼랑 끝에 선 듯 위태위태하다. 더 강력한 포식자인 인간이 나타났기 때문이다.

숲에서 사람은 손님일 뿐이다. 손님이 갖춰야 할 예의를 지켜야 한다. 숲의 생태계를 보전하면서 산이 주는 즐거움을 만끽하는 산행이란 무엇일까? 숲이 오래도록 빼어난 아름다움을 간직하고, 산양들이 마음껏 뛰놀 수 있도록 우리가 배려하고 지켜야 할 것은 과연 무엇일까?

🔦 산양을 위한 생태 산행법

1. 조용히 걷는다. 노래 부르고 소리 지르지 않는다. 휴대전화 벨 소리나 라디오 소리 같은 모든 인공 소리는 숲의 생명들에게 위협적이다.

2. 천천히 둘러보며 걷는다. 하루에 여러 봉우리를 모두 보려고 욕심을 부리면 숲의 아름다움을 제대로 볼 수 없다.

3. 계곡에 발을 담그거나 들어가지 않는다. 맑은 물에서만 살 수 있는 물고기에게 해가 된다.

4. 도감을 챙겨 가서 나무와 꽃, 곤충 이름을 공부하면서 걷는다.

5. 자동차는 주차장이나 좀 떨어진 곳에 세워서 되도록 숲에 영향을 덜 미치도록 한다.

6. 산 입구에 즐비한 식당은 쓰레기를 만들고, 물을 오염시키고, 소음을 일으켜 숲에 영향을 준다. 집에서 준비한 도시락을 먹는 건 어떨까?

7. 일회용품 사용을 줄이고 쓰레기를 줄인다.

8. 마을 가게와 전통 시장을 이용하여 지역 경제에 보탬을 준다.

9. 정해진 인원만 들어갈 수 있는 예약 탐방제를 잘 지킨다.

- 국립공원

우리나라를 대표할 만한 자연 생태계와 자연·문화 경관을 보전하며 이용하기 위해 국가가 직접 관리하는 보호 지역이다. 1967년 지리산이 제1호 국립공원으로 지정되었고 1970년에는 설악산이 지정되었다. 2021년 현재 22곳이 있다.

- 유네스코(UNESCO) 생물권 보전 지역

생물 다양성 보전과 지속 가능한 이용을 조화시킬 방법을 찾기 위해 유네스코 교육과학문화기구에서 보전 가치가 뛰어난 전 세계 육상 및 해양 생태계를 생물권 보전 지역으로 지정했다. 한국에서는 1982년 설악산, 1989년 백두산, 2002년 제주도, 2004년 구월산, 2009년 신안 다도해와 북한 묘향산, 2010년 광릉숲, 2013년 고창군 전역이 지정되었다.

- 국제자연보전연맹(IUCN)

전 세계 자연과 천연자원을 보전하기 위해 설립한 국제기구이다. 국가와 정부 기관, NGO의 연합체 형태로 운영하는 세계 최대 규모의 환경 단체로, 전 세계 자원과 자연을 관리하고 동식물 멸종 방지를 위한 국제 사회의 협력을 북돋으려고 노력한다. 1963년부터 세계에서 가장 포괄적인 지구 동식물종의 보전 상태의 목록인 국제자연보전연맹 적색 목록(레드 리스트)을 만들고 있다.

2부 우리 숲에서 사라지면
영영 사라지는 것

숲이 있어 마을이 생겼다

우리 집 뒷산 밤나무

"아부지요, 밤 도둑이 우리 밤 다 주워 가요!"

나는 산 아래에 있는 우리 집을 향해 큰 소리를 냅다 질렀다. 그제야 밤을 줍던 동네 사내 녀석들이 후다닥 도망쳤다. 큰 소리를 버럭 지르고 나니 심장이 두근거렸지만 일단 녀석들을 쫓아내는 임무를 완수했다는 생각에 입꼬리가 올라갔다.

우리 고향 집은 그리 높지 않은 산 아래에 있다. 집 뒤로 가면 바로 산으로 올라갈 수 있고, 야트막한 언덕으로 난 길을 따라서 에둘러 올라갈 수도 있다. 우리 산에는 밤나무가 여럿 우거져 있는데 가을이 오면 알밤이 후두둑 떨어졌다. 이 알밤을 주우려고 마을 사람들이 몰래 찾아오기 때문에 바쁜 어른들을 대신해서 알밤을 지키는 게 우리 형제가 맡은 중요한 일이었다.

이른 아침이나 오후 무렵, 특히 바람이 세차게 불고 난 뒤에는 재빨리 뒷산으로 올라가 밤나무 아래에 떨어진 밤을 주웠다. 바람이 나뭇가지를 세차게 흔들면 잘 익은 알밤도 함께 떨어지기 때문이다. 그런데 사내 녀석들이 먼저 와서 밤을 줍고 있었다. 벌써 호주머니가 불룩해 보였다.

"우리 집 밤이야! 주워 가지 마!"

녀석들을 향해 소리를 꽥 질렀는데도 덩치가 작고 힘도 약한 나를 힐끔힐끔 보면서 녀석들은 계속 밤을 주워 주머니에 넣었다. 힘으로 물리칠 방법이 없을 땐 꾀를 내야 한다.

"아부지요, 여기 밤 도둑이 있어요. 빨리 올라와요!"

나는 아버지를 부르며 도움을 요청했다. 내 목소리를 들은 아버지는 곧 산으로 올라올 것이다. 배에 잔뜩 힘을 주고 더 힘차게 반복해서 소리를 질렀다. 그제야 겁을 먹은 녀석들은 산 너머로 후다닥 도망쳤다. 어른이 나타나면 녀석들도 어쩔 도리가 없을 테지.

'휴, 다행이다.'

사내아이들이 사라지자 나는 안도의 숨을 내쉬었다. 그러나 녀석들이 모르는 사실이 있었다. 우리 집에는 아무도 없다는 것이다. 아버지는 지금 논에서 열심히 일하고 계시고 다른 가족들도 들에 나가 있다. 나는 깜빡 속은 그 아이들을 보며 흐뭇하게 웃었다.

이제 내가 할 일은 녀석들이 못다 주워 간 알밤을 줍는 일이다. 알밤을 열심히 주워서 고구마와 함께 가마솥에 삶아 먹거나 아궁이에 구워 먹을 생각을 하니 벌써 군침이 돌았다. 우리 집은 제사를 많이 지내기 때문에 제사상에 올릴 알이 실한 밤은 따로 작은 단지에 모았다. 단지에 알밤을 넣고 흙으로 덮어 두면 이듬해 봄까지 싱싱하게 저장할 수 있었다. 냉장고가 없던 시절 우리는 이렇게 알밤을 보관했다.

우리 집 뒷산에는 밤나무가 10그루쯤 있는데, 이 가운데 가장 큰 밤나무에 열리는 작고 동글동글한 알밤이 가장 맛있다. 밤나무는 나무줄기가 사방으로 뻗어서 바로 아래에서 올려다보면 하늘을 온통 뒤덮을 정도로 크고, 들판에서 바라보면 우리 뒷산 수호신처럼 우뚝 서 있었다. 멀리서도 이 밤나무를 단번에 알아볼 수 있었다.

이 밤나무의 밤송이는 다른 밤송이보다 가시가 짧아서 바닥에 떨어져 있어도 쉽게 구별할 수 있었다. 풀숲과 덤불 사이에 아무렇게나 떨어진 알밤을 주우려면 눈을 부릅뜨고 조심히 잘 살펴야 한다. 자칫 비탈진 곳에서 밤을 주우려다 중심을 잃고 미끄러져서 뾰족한 밤송이에 찔리면 눈물이 찔끔 날 정도로 따끔하다.

나무에서 바닥으로 떨어지면서 밤송이에서 떨어져 나온 알밤은 그냥 주우면 되지만 아직 밤송이 안에 들어 있는 알밤을 꺼내려면 가시에 찔리기 쉽다. 하지만 어릴 때부터 알밤을 주워

온 우리 형제는 알밤을 꺼내는 비법을 알고 있다. 가시가 촘촘한 밤송이를 손가락 끝으로 살짝 들어 돌멩이나 흙이 단단한 바닥에 옮겨 놓고, 신발 뒤꿈치로 밤송이를 밟고 한 바퀴 빙그르르 돌거나 두 발에 힘을 주고 밤송이를 벌리면 잘 익은 알밤이 튀어나왔다.

밤나무 말고 키가 큰 신갈나무도 있다. 가을이 오면 그 아래에 꿀밤이 많이 떨어졌다. 우리 마을에선 도토리를 꿀밤이라고 했다. 신갈나무 옆에는 옆으로 넓게 퍼진 향나무도 있고, 그 주변에는 구불구불한 소나무들이 여러 그루 자랐다. 향이 독특한 산초나무도 있고 하늘 향해 곧게 자라는 낙엽송도 있다. 산 가운데엔 친척 할아버지의 묘가 있는데, 동네 아이들과 봉분에 올라가 미끄럼틀처럼 타고 놀기도 하고 평평한 상석에 옹기종기 앉아 소꿉놀이도 했다.

덤불 사이 오목한 곳을 비집고 들어가서 우리만의 비밀 기지를 만들고, 더 깊은 산으로 올라가 정월대보름에 마을 어른들이 동신제를 지내는 하얀 소나무를 찾아가기도 했다. 거대한 나무 두 그루는 할배 나무와 할매 나무라고 불렀는데, 하얗게 변한 채 위풍당당하게 서 있는 모습이 신비로우면서도 약간 두렵기도 했다. 이곳에서 동신제를 지낼 때 상에 올렸던 백설기를 먹으면 공부를 잘한다고 해서 물을 마셔 가며 다른 아이들과 나누어 먹었다.

우리에게 산은 어떤 곳일까?

옛사람들은 산에 기대어 살았다. 산 아래 들판이 시작되는 곳에 집을 짓고 산에서 내려오는 물을 마시며 살았고, 산이 만든 맑은 공기를 마시고, 산이 주는 거름으로 농사를 지었다. 산 아래에 밭을 일구고, 그 아래 논에서 벼를 키웠다.

마을은 거친 바람을 막아 주는 뒷산을 병풍 삼아 맑은 냇물이 흐르는 양지바른 평지에 자리 잡았다. 사람들은 산이 부드럽게 감싸 주는 평온한 땅을 찾았다. 산에서 얻은 나무와 흙, 돌로 아담한 집을 짓고 보금자리를 마련했다. 사람들은 산의 기운을 받고 태어나, 생명이 다하면 다시 산으로 돌아갔다. 어려운 일이 생기면 고목이나 서낭당, 산신각 앞에서 간절히 기도했고, 때로는 이름난 높은 산봉우리에 올라 하늘에 제를 올리기도 했다. 산은 위로는 하늘과 통하고 아래로는 세상과 연결된 곳이었다.

수행하는 사람들은 깊은 산에 들어가 마음을 수련하고, 속세에서 위협과 공격을 받은 사람은 산으로 숨어들었다. 산은 쫓기는 자를 품어 주고, 의병과 동학혁명을 일으켜 세상을 바꾸려는 자들의 근거지가 되어 주기도 했다. 우리에게 산은 고향과 같으면서도, 삶과 죽음이 공존하는 곳이자 신령스러운 곳이었다. 사람들은 산에서 위안을 얻기도 했지만, 때로 공포와 두려움을 느끼기도 했다. 큰비가 내리면 나무가 쓰러지고, 바위가

구르고, 거대한 물줄기가 마을을 덮치기도 했다. 호랑이나 곰 같은 야생동물들 때문에 함부로 가기도 어려웠다.

지금 우리에게 산은 어떤 곳일까? 산은 휴가를 즐기기 위해 찾는 곳이고, 건강을 위해 찾는 곳이며, 봉우리에 올라 발아래 세상을 내려다보며 호연지기를 기르고 인간의 한계를 뛰어넘으려 극기 훈련 하는 곳이 되었다. 남들보다 빨리 정상에 올랐다가 유명한 봉우리 여러 곳을 단숨에 다 정복한 뒤 빨리 내려와서 사람들에게 무용담을 늘어놓는 대상이 되었다. 도시 가운데에 건물로 둘러싸인 작은 산은 아침 운동을 하고 약수도 얻는 유일한 초록 공간이지만, 언젠가 평평하게 밀어내고 건물을 세워야 할 곳이라고 생각한다.

우리 숲의 수난사

사람들이 대규모로 숲을 베고 산을 훼손하기 시작한 것은 언제부터일까? 한반도의 원시 숲이 사라지기 시작한 것은 길게 보면 2000여 년 전으로 거슬러 올라간다. 이 시기에 철기 문화가 발달하고 정착 생활을 하면서 농사를 짓고 인구도 늘어나자 숲을 이용하기 시작했다.

숲이 훼손되었다는 기록은 13세기에 이르러서 나온다. 고려 시대 몽고가 침입하여 고려 정치에 간섭했던 97년 동안 우리 숲도 무자비하게 수탈당했다. '산천임수의 7할을 벌채당한 뒤 고려 땅에는 자주 큰물이 지는 데다 가물어 곡식은 영글지 못했다' '3년에 한 번꼴로 풍수해와 기아가 계속되었다'는 기록이 남아 있다.

조선을 건국한 태조는 산과 물을 다스리는 치산치수 정책을 으뜸으로 여겼다. 태조는 '금산(禁山)' 제도와 산림 공유 원칙을 세웠다. 금산 제도는 특정 지역의 숲을 국가만 사용할 수 있도록 일반 백성의 이용을 제한했던 제도였다. 이렇게 국가가 지정한 곳을 금산이라 했는데, 바위에 금표를 새겨 백성들이 함부로 벌목하지 못하게 했다. 그러나 금산을 제외한 산은 백성들이 자유롭게 이용할 수 있게 했다. 이것이 바로 산림 공유의 원칙이었다. 개인이 산을 소유하는 것을 금지하고 모든 백성이 산림을 공유한다는 것이었다.

16세기 말에서 17세기 초, 임진왜란과 병자호란이 일어나면서 숲은 다시 황폐해졌다. 전쟁에 쓸 무기와 배를 만들고 성을 쌓으려면 나무가 많이 필요했다. 전쟁 도중 불이 나서 숲이 사라지기도 했다. 그러자 숙종은 긴 전쟁으로 사라진 숲을 복원하기 위해 '봉산(封山)'이라는 새로운 제도를 도입했다. 왕실에서 쓰는 나무를 특별히 생산하기 위해 소나무 숲을 가꾸었던 황장봉산, 왕실의 위패를 만들기 위해 밤나무를 가꾸었던 율목봉산, 배를 건조하는 데 필요한 참나무를 키웠던 진목봉산이 있었다.

일제강점기에 이르러서는 전쟁에 필요한 물자를 조달하고 식민지를 경영하기 위해 마을 근처 숲뿐 아니라 깊은 산에 있는 나무까지 마구잡이로 베어 냈다. 경북 봉화의 춘양 지역에는 이 무렵에 간이역이 들어섰다. 첩첩산중이라 인구가 많지 않던 이곳에 기차역이 들어선 까닭은 이 지역의 아름드리 금강소나무를 실어 가기 위해서 선로를 깔았기 때문이다. '춘양목'이라 불리는 이 지역 금강소나무는 아주 단단해서 뒤틀리거나 잘 휘지 않아 최고의 목재로 대접받았다. 궁궐을 지을 때 쓸 정도였다. 그런데 일본인들이 이 귀한 아름드리 소나무를 기차로 수없이 실어 가 버린 것이다.

그 후에 이어진 6.25전쟁으로 또다시 많은 숲이 훼손되었다. 군사 작전 때문에 산에 불을 지르고 군수용품을 만드는 데 필요한 나무를 얻기 위해 무자비하게 벌목했다. 또 집을 잃은 피난민들이 판잣집을 짓고 땔감을 얻기 위해 나무를 많이 베어 내기도 했다.

문명 뒤에는 사막이 남는다

전쟁이 끝나자 온 나라 산은 대부분 민둥산이 되었다. 그러자 1960년대부터 국가 차원에서 나무 심기 사업을 시작했다. '애국가를 부르며 산으로 가자!'는 구호를 외치며 전국 곳곳에서 녹화 사업을 벌였다. 이 나무 심기 사업은 30년 동안 계속되었는데, 이 시기 전국에 무려 100억 그루가량을 심었다고 한다.

지금 우리가 도시나 마을 주변에서 볼 수 있는 숲은 본래 있던 원시림이 아니라 대부분 조림지이다. 그래서 우리나라 숲의 나이는 일부를 제외하면 50~70년으로 그리 길지 않다. 1970년대 강원도 삼척에는 나무를 베어 낸 그루터기에 장정 10명이 올라앉아 밥을 먹을 수 있을 정도로 거대한 나무들이 들어차 있었다고 한다. 이 나무들은 모두 어디로 실려 갔을까?

많은 사람들의 노력으로 숲은 다시 울창해졌다. 하지만 1980년대 후반부터 다시 훼손되기 시작했다. 골프장과 스키장, 도로와 광산, 휴양 시설이 들어서기 시작한 것이다. 이때부터 벌어진 광경은 지난 역사 속 훼손과는 무척 다르다. 예전에는 농사를 짓기 위해, 목재를 얻기 위해 벌목했기 때문에 그 자리에 다시 나무를 심을 수 있었다. 하지만 지금은 나무를 베어 낸 땅에 단단한 콘크리트와 시멘트를 덮고 거대한 건물을 세워서 복원하기 쉽지 않다. 도로나 공장이 들어서는 것처럼 개발이 시작되고 나면 훼손은 한 번으로 그치지 않고 오랫동안 지속되는 것이다.

프랑스 문필가인 샤토브리앙은 '문명 앞에는 숲이 있고, 문명 뒤에는 사막이 남는다'는 유명한 말을 남겼다. 세계 역사에서 사람이 모여들어 마을과 도시를 이루면 그 인근 숲이 점점 사라진다는 말이다. 그러나 자연이 훼손된 곳에서는 사람도 생존할 수 없다. 놀라운 문화 유적을 자랑했던 태평양의 이스터섬과 마야 문명 역시 숲이 사라지고 땅이 사막화되면서 지구에서

사라져 버렸다. 지금 우리가 사는 도시는 과연 어디쯤 서 있을
까? 훼손되지 않은 자연 속에서 평화롭게 사는 법, 그런 세상
을 위해 지금 우리는 무엇을 해야 할까?

우리 땅의 중심,
백두대간이 궁금해

금강산 가는 길

'저 낡은 나무말뚝 때문에 오랜 세월 남북이 갈라져 살고 있
구나.'

드디어 우리가 탄 버스가 고성을 지나 휴전선으로 접근했다.
안내하는 분이 가로등 모양이 달라지면 비로소 북한 땅에 들
어선 것이라고 설명했다. 그래도 나는 역사 자료에서 보았던 그
나무말뚝이 보고 싶었다. 자칫 놓칠세라 눈에 잔뜩 힘을 준 채
창밖을 바라보았다.

1953년 6.25전쟁 정전 협정 당시 남북을 가르는 휴전선을 표
시하기 위해 동서로 일정 간격을 두고 나무말뚝을 박았다고 한
다. 다행히 나무말뚝이 똑똑히 보였다. 달리는 버스 안이라 정

말 순식간에 지나쳐 버리긴 했지만. 긴장감이 흐르는 휴전선을 버스로 편안하게 넘어가다니 기분이 묘했다. 세계 어디든 갈 수 있는 시대에 가장 가까이에 있는 이 땅에 오기까지 이렇게 오랜 시간이 걸렸구나. 수십 년이 흘러 나무말뚝은 낡아 쓰러져 있었지만 남북의 경계는 좀처럼 허물어질 줄 모른다.

북한 땅으로 접어들자마자 새로운 풍경이 펼쳐졌다. 금강산 일만이천 봉의 마지막 봉우리이자 낙타를 닮아 '낙타봉'이라고도 하는 구선봉은 평지에서 갑자기 솟아오른 듯 독특한 모습이었다. 그 옆에는 해안가의 독특한 지형을 보여 주는 사주와 석호가 펼쳐져 있었다. 남쪽에서는 해안을 개발하면서 사주와 석호가 거의 사라져 버렸지만 북한에서는 어렵지 않게 볼 수 있었다. 북녘땅에 들어섰다는 뭉클함 때문인지 낯설고 경직된 분위기 때문인지, 이런 풍경을 보면서도 크게 감탄하거나 환호성을 지르기 힘들었고 묘한 어색함마저 흘렀다.

2007년 10월, 나는 금강산 관광을 떠났다. 과거 수많은 사람이 금강산의 아름다움을 노래하고 예찬했지만, 남녘에서 태어난 우리는 금강산을 직접 볼 수 없었기에 더 궁금했다.

금강산은 1947년 9월 27일 김일성 주석이 교시한 '금강산 유원지 건설'에 따라 탐승 코스가 개발되고, 휴양지와 야영소가 세워진 이후 외부 사람이 풀 한 포기, 돌 하나도 갖고 나가지 못하도록 철저하게 관리하여 청정 자연이 잘 보전되어 있다고 한다. 실제로 금강산 계곡은 정말 깨끗하고 계곡물은 맑다 못해 푸른빛이 감돌았다.

백두산 장군봉에서 출발하여 남쪽으로 달려온 백두대간이 아주 수려한 솜씨로 공들여 빚은 금강산은 한반도 중부 지방 강원도 고성군과 금강군, 통천군에 우뚝 솟아 동해안과 서해안의 분수령을 이루고 있다. 주능선을 경계로 동쪽인 외금강은 산세가 웅장하고 씩씩하며, 서쪽 내금강은 온유하고 수려하며 우아한 느낌이라고들 한다. 고성의 삼일포와 입석리의 해금강 만물상, 통천의 총석정까지 이어지는 산줄기와 바닷가 절경 일대를 '해금강'이라 이른다.

1998년부터 시작된 금강산 관광은 만물상 코스, 구룡연 코스, 삼일포와 해금강 코스로 나뉘고, 내금강 코스도 있었다. 금강산 풍경의 절정은 바로 만물상이었다. 하늘나라 선녀가 내려오는 곳이라는 천선대에 올라서면 병풍처럼 둘러쳐진 만물상이 눈앞에 펼쳐졌다. 뾰족뾰족한 바위 봉우리들이 파노라마처럼 펼쳐져서 카메라 앵글에 다 담을 수조차 없었다. 푸른 숲 사이로 울긋불긋 물들어 가는 단풍과 만물상 풍경이 어우러져 감탄이 절로 터져 나왔다.

만물상까지 오르는 탐방로에서 볼 수 있는 독특한 삼선암과 귀면암, 7층을 쌓은 것처럼 생긴 칠층암이 차례차례 나타났다. 나무꾼이 선녀를 만나고 싶은 안타까움을 하소연할 길이 없어 도끼로 찍어 놓았다는 절부암까지 다양한 봉우리들이 곳곳에서 등장했다. 만물상으로 오르는 탐방로에서 수줍게 고개 숙이고 있는 옅은 보랏빛 금강초롱도 만났다.

금강산 관광은 1998년부터 2008년까지 10년가량 이어졌는데, 나는 2007년 가을에서야 가 보았다. 이 관광을 시작으로 북녘의 백두대간 길도 차츰 열릴 것이라 기대했고, 나 역시 이렇게 아름다운 금강산을 해마다 찾아와 또 봐야겠다고 다짐했다. 그런데 다음 해인 2008년 예기치 못한 사고로 금강산 여행길은 다시 막혀 버렸다.

남북의 백두대간 전 구간을 최초로 종주한 이는 외국인이다. 뉴질랜드 출신인 로저 앨런 셰퍼드 씨는 남한의 백두대간을 종주하며 우리나라 산에 매료되어 북한의 백두대간도 종주할 수 있게 해 달라고 북측에 요청했다. 그러자 놀랍게도 북측에서 방문을 허락해 주었다. 셰퍼드 씨는 북한의 백두대간에서 찍은 영상을 남한 방송에서 상세하게 공개했고, 사진 전시회도 여러 차례 열고 책도 펴내 북녘의 백두대간에 대한 호기심을 다시 한번 불러일으켰다.

백두대간이 궁금해

백두대간은 '백두산에서 시작된 큰 산줄기'라는 뜻이다. 우리 민족의 시원인 백두산에서 시작해서 금강산, 설악산, 태백산을 힘차게 뻗어 내려와 소백산, 월악산, 속리산, 덕유산, 지리산까지 이어지는 우리나라 중심 산줄기이다. 무려 1400킬로미터나 장쾌하게 이어지면서 국토의 등뼈를 이루고, 정간 1개와 정맥 13개로 뻗어 나가며 우리 땅 곳곳에 뻗어 있다. 우리나라 거의 모든 산은 백두대간으로 연결되어 있다.

백두대간은 우리나라 4대 강의 발원지이다. 한강의 발원지인 태백 금대봉의 검룡소, 낙동강의 발원지인 태백 황지연못, 금강의 발원지인 장수군 수분령의 뜬봉샘, 영산강 발원지인 담양 추월산의 용소 모두 백두대간과 그 줄기인 정맥 자락에 있다. 강을 나누는 것도 바로 백두대간이다. 속리산 천왕봉에 떨어진 빗물이 동쪽으로 흐르면 낙동강이 되고, 북쪽으로 흐르면 한강, 남쪽으로 가면 금강이 된다.

백두대간은 날씨도 변하게 한다. 북동쪽 오호츠크해에서 습기를 잔뜩 머금은 채 불어오는 바람이 백두대간에 부딪혀 영동 지방에 많은 비를 내린다. 그리고 산을 넘어가면 영서 지방에서는 아주 덥고 건조한 높새바람이 되어 불어온다. 이런 '푄현상' 때문에 영동 지방에는 눈과 비가 많이 내리고, 영서 지방에는 가뭄과 고온 현상이 나타난다.

높은 천연 산성인 백두대간은 지역을 나누고 고구려와 신라, 백제 삼국의 경계가 되기도 했다. 그 옛날 영남과 호남, 충청 같은 너른 고을은 백두대간을 경계로 나뉘어 왕래하기 힘들었다. 그래서 지역마다 풍습도 다르고, 사람들의 기질도 다르고, 서로 다른 사투리를 쓴다. 집 모양, 농사법, 먹는 음식도 다르다.

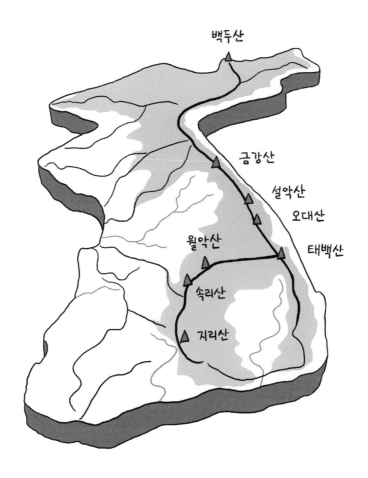

백두산

금강산

설악산

오대산

태백산

월악산

속리산

지리산

그러나 자연의 생명들에게는 남북을 이어 주는 통로가 되었다. 러시아 우수리 지역이나 캄차카반도에서 살고 있던 눈잣나무와 반달가슴곰, 깽깽이풀 같은 종들은 백두대간을 따라 내려와 설악산과 지리산에 정착했다. 백두대간의 오래된 숲과 계곡, 습지 같은 자연 생태계는 야생동물이 더불어 살 수 있는 한반도의 생태축이다.

백두대간 개념은 신라 말 선승(禪僧)들이 처음 만들었는데, 고려시대를 지나면서 체계를 잡아갔다. 이후 《제왕운기》《고려사》《세종실록지리지》 같은 책에도 백두산과 지리산으로 이어지는 산줄기 개념이 등장한다. 백두대간이란 말은 조선시대 후기에 이익이 쓴 《성호사설》, 이중환의 《택리지》에 나오고, 영조 때 실학자 신경준이 쓴 《산경표》에도 잘 정리되어 있다.

이렇게 역사적으로 오래 사용해 온 개념이지만 교과과정에서는 백두대간보다는 태백산맥, 차령산맥 같은 산맥 체계로 가르치기 때문에 조금 낯설게 느껴질지도 모르겠다. 이 산맥 개념은 1903년 일본 지질학자 고토 분지로가 땅속에 있는 지질구조선을 기본으로 산맥을 분류하면서 시작되었다. 우리 땅을 이루고 있는 토양과 암석이 어떻게 형성되었는지 14개월 짧은 기간 동안 조사한 자료를 바탕으로 만들었는데, 이 산맥 개념이 교과서에 그대로 실렸다.

문제는 이 산맥도가 실제 우리 지형과 다르다는 점이다. 산맥도를 보고 걸으면 산이 강줄기를 만나 끊어지는 일이 종종 벌어진다. 그러나 우리 땅은 산줄기가 구불구불 이어질 뿐, 물줄기 때문에 끊어지는 일은 없다. 산이 있어 강이 흐르고 강은 산을 가르지 않는다. 산과 강을 함께 공존하는 유기체로 바라보는 것, 이것이 비로 백두대간의 기본 개념이다. 우리 땅의 산줄기와 물줄기의 실제 모양을 바탕으로 형성된 백두대간 개념은 무려 천년 동안이나 이어져 온 우리 민족 고유의 지리 인식 체계다. 이것이 일제강점기 무렵 잠시 잊혔다가 1980년대에 우연히 고서적 서점에서 조선시대 신경준 선생의 《산경표》가 발견되면서 다시 세상에 알려지게 되었다.

백두대간에서 벌어지는 일

우리 땅의 척추이자 중심 등줄기인 백두대간에서는 지금 다양한 일들이 벌어지고 있다. 백두대간의 울창한 숲을 훼손하는 현장은 무려 270곳이 넘는다. 이 가운데 백두대간을 관통하는 도로만 해도 65개나 되는데, 평균 7.8킬로미터마다 도로가 가로지르고 있는 셈이다. 숲에 도로가 들어서면 주변의 지형을 깎으면서 자연 생태계를 훼손할 뿐 아니라 야생동물들이 도로를 건너면서 죽거나 아예 건널 수 없기에 야생동물의 서식지가 조각조각 나뉘고 단절된다. 길 위에서 죽을 위험 때문에 이동이 자유롭지 못한 동물들은 가까운 친척끼리 교배하여 점점 건강하지 않은 새끼를 낳게 되고 결국 멸종의 길을 걷게 될 수 있다.

이뿐 아니라 고랭지 채소밭 120곳, 광산 14곳, 채석장 9곳, 목장 10곳, 군사시설 7곳 들도 백두대간 보호 지역에 들어서 있다. 고랭지 채소밭은 백두대간 보호 지역에 120만 제곱미터(36만 3000평)나 들어서 있는데, 이곳에 뿌린 농약과 화학비료가 계곡으로 흘러가서 계곡 생태계에 영향을 주고, 장마 때 이 밭에서 쓸려 가는 흙탕물은 하천의 생태계에도 영향을 준다.

백두대간의 훼손에서 빼놓을 수 없는 요인은 등산객이다. 백두대간을 종주하거나 산행을 즐기는 산악회와 모임 들에서 길을 안내하려고 알록달록한 리본을 나무에 주렁주렁 매달아 두었다. 등산로가 깎이는 것 같은 침식 문제도 심각하다. 너무 많은 사람들이 밟고 지나가는 바람에 나무뿌리가 점점 드러나고, 등산로 주변의 흙이 무너져서 길의 너비가 넓어질 뿐 아니라 바위가 점점 드러나 사고가 일어날 수 있다.

백두대간의 중심 줄기뿐 아니라 정맥에서 벌어지는 일은 더 심각하다. 남한에는 정맥이 9개(길이 2085킬로미터)가 이어져 있는데 이곳은 백두대간 보호법의 적용을 받지 못하고 있어 더 많은 훼손이 일어나고 있다. 정맥에는 도로가 768곳(평균 2.6킬로미터)이나 관통하고 있다. 백두대간 정맥의 좌우 2킬로미터 이내까지 개발한 골프장은 71곳, 공원묘지가 40곳, 광산이 22곳, 채석장은 39곳이나 된다. 헬기장과 군사시설은 195곳, 송

수신탑 118곳, 경작지도 344곳(281만 6천 제곱미터, 85만 1840평)이나 된다.

나무를 베어 내고 들어서는 대규모 골프장과 공원묘지로 인해 숲이 사라져서 산사태 위험이 커졌고, 친환경 에너지로 알려진 풍력 단지도 대규모로 들어서면서 지형이 훼손되었다. 일정한 소음을 계속 일으켜서 새 같은 야생동물에게 좋지 않은 영향을 미치기도 한다.

백두대간은 그저 봉우리들이 이어진 단순한 산이 아니다. 한반도의 역사이자 인문과 사회, 문화의 발상지이다. 무엇보다 백두대간은 여러 종이 어울려 사는 풍부한 우리의 자연환경이다. 숲은 한번 훼손되면 원래 상태로 되돌아오는 데 수십 년, 수백 년이 필요하다. 예전 상태로 되돌리는 복원 사업이나 복구 사업을 하려면 엄청난 노력과 비용이 들어간다. 백두대간에서 일어나는 환경 문제에 대처하는 최선의 대책은 바로 백두대간을 있는 그대로 보존하는 것이다.

- 복원(復元)

'원래대로 회복하다'는 뜻으로, 손실 이전 원래의 똑같은 상태로 돌이킬 수 있을 때 쓰는 말이다.

- 복구(復舊)

'손실 이전의 상태로 회복하다'는 뜻으로, 손실되기 이전의 상태와 되도록 비슷하게 회복하는 것을 말한다.

식물 군락지가 훼손되었을 때는 원래 상태로 되돌리는 것이 중요하므로 '구상나무 군락지 복원 사업'이라고 하는 편이 적당하고, 돌을 캐낸 채석장의 훼손된 숲을 되돌리는 일은 돌을 캐기 전 본래 상태로 똑같이 되돌릴 수는 없으므로 '채석장 복구 사업'이라고 하는 편이 정확하다.

산나물과 도토리, 자연에 양보하세요!

봄나물과 보릿고개

"밥 좀 주이소, 네에?"

어스름 저녁, 대문 밖에서 사내 녀석들이 바가지를 두드리며 소리를 질렀다. 올 것이 왔구나, 엄마는 오곡밥을 한 그릇 듬뿍 담아 녀석들의 바가지에 담아 주셨다. 그러자 녀석들은 고맙다며 인사를 꾸벅하고는 저희들끼리 키득거리며 다른 집으로 몰려갔다.

이것은 집집마다 구걸하러 다니는 각설이 이야기가 아니다. 오늘은 1년 중 보름달이 가장 크게 떠오른다는 정월대보름이다. 보통 때 같으면 해가 저물기가 무섭게 아이들은 집에 얌전히 들어가야 했지만, 둥근 달이 떠오른 이날만큼은 마을 사람들 모두 '공식적으로' 밤새 놀 수 있었다. 정월대보름에는 동네 곳곳에서 밤늦도록 다양한 행사가 열렸다. 뒷산 언덕에는 달을 보며 두 손 모아 소원을 빌며 달맞이를 하고, 마을 앞 빈 들판에서는 쥐불놀이가 이어졌다. 어른들은 수백 년 된 소나무 아래에 제수 음식을 차리고 동신제를 지냈다.

우리 집에선 찹쌀과 검은콩, 수수, 팥, 밤 같은 다섯 곡식을 넣어 오곡밥을 짓고, 도라지와 고사리, 토란, 호박오가리 같은 묵은 나물을 아홉 가지 무쳤다. 묵은 나물을 먹으면 그해 여름에 더위를 먹지 않는다고 했다. 귀가 밝아진다는 귀밝이술도 마시고, 호두나 잣, 밤, 땅콩 같은 딱딱한 견과류를 껍질째 깨물면서 1년 동안 부스럼이 나지 않게 해 달라고 빌었다. 또 오곡밥을 이웃과 나누어 먹으면 좋다고 하여 사내아이들은 바가지를 들고 집집마다 밥을 얻으러 다니며 소리를 질러 댔다. 대보름날 전날에는 밤을 새우는 풍속이 있어 잠 안 자기 내기도 했다. 일찍 자면 눈썹이 하얗게 센다고 했는데, 아이가 졸음을 참지 못하고 잠들면 눈썹에 하얀 밀가루를 칠해서 놀렸다.

대보름날에는 그해 처음으로 향긋한 냉이를 맛볼 수 있었다. 아직은 찬 서리가 내리는 2월, 묵은 나물 반찬 사이에 추위를 뚫고 돋아난 상큼한 냉이 향이 퍼졌다.

대보름이 지나고 봄기운이 돌면 여자아이들은 바구니를 옆에 끼고 산으로 들로 봄나물을 캐러 나갔다. 시린 손을 호호 불며 몸을 잔뜩 낮추고 땅바닥에 바싹 붙어 있는 봄나물을 찾아

다녔다. 들에는 쑥과 냉이, 꽃다지 같은 들나물이 돋아 오르고, 산에는 산나물이 보드라운 싹을 틔웠다. 그러면 우리 집 밥상에는 다양한 나물이 올랐다. 고사리, 곰취, 구기자순, 구릿대, 각시취, 다래순, 당귀, 두릅, 둥글레, 뻐꾹채, 으아리, 원추리, 참취……

향 좋은 봄나물은 먹는 방법도 무척 단순하다. 된장이나 고추장에 쿡 찍어서 먹기만 해도 좋고, 김이 모락모락 나는 밥에 그냥 싸서 먹어도 맛있다. 살짝 데친 뒤 조물조물 무쳐 먹으면 입안 가득 봄기운이 돈다. 온갖 만물이 물오르는 봄에 땅의 기운을 듬뿍 머금고 자란 봄나물을 먹으면 그 기운이 몸속에 그대로 들어오는 듯했다.

1960년대까지만 해도 우리나라에는 보릿고개가 있었다. 지난해 가을에 수확한 식량이 겨울을 나면서 다 떨어지고, 보리는 아직 여물지 않아서 먹을거리가 없는 음력 4~5월 춘궁기를 보릿고개라고 한다. 흉년으로 먹을 양식이 모자라 굶주리는 일을 기근(飢饉)이라고 하는데, 곡식이 잘 여물지 않아 굶주리는 것을 '기(飢)'라고 하고, 채소가 아직 자라지 않아 굶주리는 것을 '근(饉)'이라고 한다. 기근이 드는 시절에 먹을 것이라고는 산나물과 나무뿌리밖에 없었다. '시집온 새댁이 나물 이름 서른 가지를 모르면 굶어 죽는다'는 옛말이 있을 정도였다. 먹고살기 어렵던 시절, 봄나물은 곡식과 채소가 나기 전 유일하게 영양분을 얻을 수 있는 먹을거리였다.

숲에서 벌어지는 추격전

보릿고개가 사라진 지금도 해마다 봄이 되면 사람들은 산으로 들로 봄나물을 찾아다닌다. 산과 들에 나는 건강한 나물을 먹으면서 영양도 보충하고 입맛도 살리려는 것이다. 그런데 어떤 산에서는 보이지 않는 추격전이 곳곳에서 벌어진다. 산나물을 뜯으려고 숲으로 몰려든 사람들을 단속하는 사람들이 숨바꼭질하듯 그 뒤를 쫓기 때문이다.

우리나라는 국립공원과 도립공원, 생태경관보전지역, 산림유전자원보호림같은 제도를 두어 숲을 보전하고 있다. 오대산과 설악산, 점봉산과 방태산, 황병산, 태백산, 대덕산 같은 곳이 그렇다. 이곳에서는 허가를 받은 사람만 산나물을 뜯을 수 있다. 대개 산 아랫마을에 살면서 숲의 중요성을 아는 지역 주민들에게만 허가해 준다. 그런데 멀리 도시에서 온 사람들이 산나물을 뜯어서 팔려고 자꾸 몰래 숲에 들어간다. 커다란 나물 자루나 배낭을 멘 채취꾼들은 곰취와 곤드레, 당귀처럼 먹을 수 있는 나물이 있는 곳이라면 어디든 가리지 않고 헤집고 다닌다. 해마다 나물을 뜯는 지역 주민들은 식물이 다시 자랄 수 있도록 여린 순만 요령껏 뜯지만, 채취꾼들은 종류를 가리지 않고 낫으로 베거나 산나물 뿌리까지 뽑아 버린다. 식물의 성장 순을 뜯고 뿌리째 뽑아 버리면 식물은 더 자랄 수 없다.

보통 산나물은 꽃줄기가 나오기 전 먼저 난 잎을 뜯고 뿌리

째 뽑지 않으면 식물이 다시 자랄 수 있다고 알려져 있다. 하지만 이는 쌍떡잎식물 가운데 일부에만 해당하는 말이다. 깊은 숲에 사는 얼레지는 연분홍 꽃이 수줍은 듯 피어나는 야생화인데, 나물로 먹기 위해 어린순을 뜯는 사람들이 있다. 얼레지는 싹이 튼 뒤 7년이 지나야 비로소 꽃이 피는데, 어린순을 따버리면 생장을 멈추고 만다. 한 송이 꽃을 피우기 위해 애타게 기다리는 시간이 한순간에 물거품이 되는 것이다.

채취꾼들은 산나물 채취를 하면서 희귀 야생화나 야생동물 서식지를 함부로 밟고 다닌다. 산나물과 야생화는 군락지가 따로 정해져 있지 않고 함께 어울려 자란다. 산나물을 많이 뜯는 데만 정신이 팔리면 야생화 싹을 밟아 버리기 십상이다. 이를 잘 알지 못하는 이들은 숲을 마구 헤집고 다니면서 노랑무늬붓꽃과 산작약, 한계령풀 같은 희귀 식물과 가시오갈피나무, 엄나무같이 약재가 되는 식물과 관상용으로 쓸 어린나무까지 닥치는 대로 자르고 뽑아 간다.

나무도 피해를 입고 있다. 채취꾼들은 마가목과 굴참나무 같은 나무의 껍질을 홀랑 벗겨 가기도 한다. 두릅나무는 새순이 곧 생장점인데 이를 따면 자라지 못한다. 음나무는 키가 크고 가지와 줄기에 가시가 많아서 나무를 통째로 베어야만 순을 딸 수 있다. 그래서 어린순을 따려고 깊은 숲의 수십 년 된 나무를 쓰러뜨리는 일까지 벌이고 있다.

산나물을 뜯는 시기는 야생동물 번식기이기도 하다. 양서류와 파충류는 주로 3~6월, 새들은 4~7월에 짝짓기하고 알을 품는데, 이 시기에 사람들이 숲을 헤집고 다니면 야생동물들은 제대로 번식하지 못하고 보금자리도 위협받는다.

채취꾼들이 산나물과 산약초 들을 뜯으려고 봄에 산나물 산행을 한다면, 가을에는 송이와 능이 같은 버섯, 밤과 잣, 도토리 따위를 얻으려고 숲에 간다. 요즘엔 캠핑하는 사람도 부쩍 늘었다. 야영에 필요한 장비를 지고 백패킹 가는 사람도 있고, 텐트를 치지 않고 야외에서 자는 비박을 즐기는 이도 있다. 이들이 숲에서 식사를 준비하면서 불을 피우거나 담배를 피우면 산불이 발생할 위험이 늘어난다. 허용된 장소가 아닌 입산 통제구역에 무단으로 들어가 취사하거나 야영하고, 쓰레기를 제대로 치우지 않고 떠나는 일도 문제가 된다.

국가에서 관리하는 보호구역뿐 아니라 마을 뒷산이나 첩첩산중에 있는 숲 모두 주인이 있다. 숲에서 얻을 수 있는 산나물과 산약초, 각종 열매도 주인 허락 없이 함부로 채취하는 것은 불법 행위이다.

도토리는 생존을 위한 주식

참나무라고 통틀어서 일컫는 나무는 여섯 종류가 있다. 신갈나무, 떡갈나무, 굴참나무, 갈참나무, 졸참나무, 상수리나무가 있다. 이 나무들은 닮았지만 자세히 보면 조금씩 다른 특징이 있는 도토리 열매를 맺는다. 가을이 무르익고 서늘한 바람이 불면 잘 익은 도토리가 후두둑 바닥으로 떨어진다. 이 도토리를 구하려고 다람쥐와 어치, 반달가슴곰, 멧돼지, 오소리, 노루 들이 치열한 경쟁을 벌인다.

가을이 오면 반달가슴곰은 겨울잠을 자려고 준비한다. 긴 겨울잠을 자려면 곰은 몸에 지방을 축적하여 살을 찌워야 한다. 이때 전분질이 많은 도토리는 곰에게 아주 좋은 먹이가 된다. 9월부터 11월까지 곰은 하루 대부분을 도토리 같은 나무 열매를 열심히 먹으면서 몸에 에너지를 비축한다. 지방층을 12~14센티미터까지 찌워 몸을 풍만하게 만드는 것이다. 곰은 짧게는 한 달, 길게는 5개월을 동면하는데, 가을 내내 비축한 지방을 연소시켜 생존에 필요한 최소한의 대사 활동만 하면서 긴 겨울을 보낸다. 암컷 곰은 겨울잠을 자는 동면굴에서 새끼를 낳아 키우기도 한다.

곰이 새끼를 낳을 때는 매우 독특한 특징이 있다. 곰은 보통 5~8월에 짝짓기를 하는데 수정란이 바로 착상해서 자라지 않고 어미 곰의 자궁 안에서 떠돌고 있다가 겨울잠을 준비할 무렵에 착상하여 자라기 시작한다. 이것을 '착상 지연 현상'이라고 한다. 그런데 암컷 곰에게 병이 있거나 다쳐서 건강이 좋지 않거나 그해 가을 도토리가 흉년이 들거나 부족해서 잘 먹지 못해 영양 상태가 좋지 않으면 동면 직전에 수정란이 착상되지 않고 자연 유산되어 버린다. 또 어미 곰의 피하지방이 제대로 축적되지 않은 상태에서 새끼가 태어나면 어미와 새끼 모두 죽을 가능성이 크다.

다람쥐 역시 겨울잠을 잔다. 다람쥐는 가을이 오면 겨울에 먹을 도토리를 모으려고 매우 바쁘게 지낸다. 다람쥐는 볼 주머니가 얼굴 양쪽에 있는데, 한쪽에 도토리 3~4개씩, 양쪽에 6~8개를 볼록하게 넣어 옮길 수 있다. 다람쥐는 9월부터 땅을 파기 시작하는데, 굴 속에 침실 겸 먹이 창고를 만들고 낮은 곳에 작은 굴을 따로 파서 화장실도 만든다. 침실이자 먹이 창고인 공간에는 마른 잎을 깔고 그 위에 도토리를 쌓는다. 한 마리가 평균 1.2킬로그램을 모은다. 도토리 더미 위에 다시 마른 나뭇가지를 쌓고 그 위에서 웅크리고 겨울잠을 잔다. 다람쥐는 완전 동면이 아니라 휴면에 가까운데, 7~10일에 한 번씩 깨어 저장해 둔 먹이를 먹고 똥도 싼다. 날씨가 따뜻해지면 굴 밖으로 가끔 나갔다 들어오기도 한다.

이처럼 곰과 다람쥐에게 도토리는 긴 겨울을 무사히 나게 해 주는 소중한 식량이다. 도토리가 생존 문제와 직결되어 있는 셈이다. 이런 사실을 잘 모르는 사람들은 가을 숲에서 주머니와 배낭에 가득 도토리를 열심히 주워 간다. 도토리묵 같은 음식을 해 먹을 요량으로 말이다. 사람에게 도토리묵은 그저 입맛 돋는 별미이자 간식일 뿐이지만 야생동물에게는 이 가을 열매가 생존을 위한 주식이다.

자연의 시간을 추월하다

예부터 우리는 생활에 필요한 것을 산에서 얻었다. 마을 뒤에 있는 산과 오래된 숲은 마을을 보호할 뿐 아니라 마실 물을 주고 집과 옷, 농기구를 만들 재료, 땔감, 나무 열매와 버섯 같은 다양한 연료와 먹을거리도 주었다. 그런데 숲이 자연 복원력을 갖기도 전에 인간은 너무 많은 양을 채취한다. 너무 많은 사람들이 몰려들면서 산은 헐벗고 야생동식물은 멸종의 길을 걷게 되었다.

요즘은 제철 음식이라는 개념이 점점 사라지고 겨울에도 싱싱한 채소와 과일을 먹을 수 있다. 굳이 깊은 산을 헤집으면서 다니지 않아도 될 만큼 밭에서 먹을 것을 많이 재배하고 있고, 시장에서도 쉽게 구할 수 있다. 깊은 산의 자연 생태계를 어지럽혀야 할 만큼 먹을거리가 부족하지도 않은 것이다.

가게 앞에 붙여 놓은 '○○산 산채비빔밥' '○○산 도토리묵'이라는 말에 군침이 돈 적이 있는가? 주인이 산에서 직접 뜯어 온 나물이라는 말에 귀가 솔깃해졌을 때가 있는가? 내가 직접 숲을 헤집고 다니지 않더라도 숲을 훼손하는 일에 동참하는 일이 될 수 있다. 잎이 피고 지고 나면 다시 싹이 트는 것이 식물이고, 계절마다 어김없이 숲은 무성해지고 풍성해지지만 사람들이 개발하고 훼손하는 속도는 이미 자연의 시간을 추월하고 있다.

솜다리를 아시나요?

이름에 담긴 뜻

입학식과 졸업식, 시상식, 기념일 같은 축하하는 자리면 사람들은 꽃을 선물한다. 왜 기쁜 날 꽃을 선물하게 되었을까? 심지어 병원에 병문안을 갈 때도 꽃바구니를 들고 간다. 꽃을 받으면 왜 기분이 좋아질까? 꽃은 식물의 얼굴이자 절정이다. 꽃은 사람에게 독특한 감성을 전해 주는 매력이 있다. 기쁜 날 화사하고 예쁜 꽃을 한 아름 받으면 그 기쁨이 배가 된다.

사람을 처음 만났을 때 먼저 이름을 물어보면서 얼굴을 익히듯 꽃 이름을 알고 나면 그 특징을 알 수 있다. 꽃 이름을 지을 때 특징을 고려하여 지었기 때문이다. 참나리, 참나물, 참꽃마리, 참당귀처럼 '참' 자가 붙으면 정말 좋다는 뜻이다. 비슷한 꽃들 가운데 '으뜸'이라는 뜻도 담고 있다. 그에 비해 '개'로 시작하는 이름은 모양이 덜 탐스럽고 맛도 떨어져 약간 모자라는 식물이라는 뜻을 담고 있다.

봄이 오면 산과 들을 가장 먼저 물들이는 진달래를 '참꽃'이라고 하고, 진달래와 닮았지만 꽃이 덜 예쁜 철쭉을 '개꽃'이라 했다. 개별꽃, 개복수초, 개쑥부쟁이, 개족도리까지 이름에 '개' 자가 붙은 꽃도 많다. 그러나 사실 '좋고, 좋지 않다'를 나누는 이런 구분은 순전히 사람들의 기준일 뿐, 생태계에서 이들의 위치가 낮다는 뜻은 전혀 아니다. 어떤 종과 비슷하게 닮았지만 다른 종을 발견했을 때 간단하게 '개' 자를 앞에 붙이기도 했다. 비슷비슷하게 생긴 식물이 많아서 일일이 이름 붙이기 어려웠기 때문이다.

같은 종류 가운데 꽃이 앙증맞은 식물엔 '애기'라는 이름을 붙였다. 애기나리, 애기봄맞이, 애기멧꽃, 애기수영, 애기원추리가 그렇다. 각시붓꽃, 각시제비꽃, 각시둥굴레처럼 '각시'로 시작하는 식물은 같은 종보다 꽃은 작지만 훨씬 아름다워서 붙인 이름이다. 하늘나리처럼 '하늘'이 붙은 식물은 꽃이 하늘을 향해 있다. 제비꽃, 제비난초같이 날렵하게 생긴 꽃에는 '제비'라는 이름을 붙였다. 말냉이, 말나리, 말다래처럼 꽃이나 열매가 크게 열리는 식물에는 '말' 자를 붙였다. 도깨비부채나 도깨비엉겅퀴에 있는 '도깨비'는 가시를 가리키고, '민둥'이 붙으면 잎이나 열매에 털이 없다는 뜻이다. 너도밤나무, 너도바람꽃처럼

'너도'를 붙인 것은 한통속이라는 뜻이고, '너도'가 모자라면 '나도'를 붙이기도 했다. '아재비'가 붙으면 비슷한 식물이라는 뜻이다.

사는 곳에 따라 다른 이름을 붙이기도 했다. 갯가에 사는 식물에는 '갯' 자를 붙이고, 깊은 산에 사는 식물은 '두메'나 '구름'을 붙였다. 금강초롱꽃, 금강애기나리, 금강제비꽃처럼 '금강'으로 시작되는 식물은 금강산에서 처음 발견된 꽃이라는 뜻이다. 축축한 곳에 살고 사람이 먹을 수 없는 식물에는 뱀딸기나 뱀고사리처럼 '뱀'이라는 이름을 붙였다.

꽃 이름은 처음 발견한 식물학자가 지은 것도 있지만, 이렇게 오래전부터 지역 사람들이 부르면서 전해진 것이 많다. 꽃 이름에 붙은 접두어는 식물의 모양과 사는 지역이나 특징을 잘 함축하고 있다.

멸종 위기종이 된 솜다리

"솜다리가 여기 있네!"

나는 기뻐서 소리를 질렀다. 가파른 설악산 탐방로를 한참 올라 위태위태한 바위를 힘겹게 붙잡았다. 그런데 바위틈에 보일락 말락 키 작은 솜다리가 살고 있었다. '에델바이스'라는 노래로 유명한 솜다리는 흰 솜털이 보송보송한 것이 무척 귀엽고

앙증맞은 꽃이다. 솜다리는 우리 토종 꽃으로, 노래에 나오는 알프스의 에델바이스와는 친척 관계일 뿐 같은 꽃은 아니다. 흰 솜털이 꽃과 잎을 감싸고 있는 모습이 마치 흰 눈이 살포시 내려앉은 것처럼 보이고, 고운 밀가루를 옴팡 뒤집어쓴 것 같기도 하다.

어렵게 솜다리를 발견한 나는 기뻐서 팔짝팔짝 뛰고픈 심정이었다. 그러나 이곳은 팔다리가 후들거리는 바위 절벽 낭떠러지라 정말로 뛰어오를 수는 없다. 솜다리는 왜 이런 척박한 곳에 살고 있을까? 보드라운 흙이 있고 영양분이 풍부한 땅도 많은데, 왜 하필 뜨거운 뙤약볕이 내리쬐고 물과 영양분도 부족한 바위틈에 뿌리내렸을까?

봄부터 여름에 걸쳐 하얀 꽃이 피는 솜다리는 본래 고산지대 바위틈을 좋아한다. 그래서 높은 산의 매서운 추위와 바람에 적응하기 위해 온몸에 하얀 솜털 옷을 입고 있다. 꽃잎뿐 아니라 몸 전체가 흰 솜털로 덮여 있어서 '솜다리'라는 이름도 얻었다. 솜다리는 멸종 위기종 희귀 식물이다. 솜다리의 독특한 아름다움에 매료된 사람들이 너도나도 뽑아 가 버렸기 때문이다. 사람들은 꽃을 눌러서 압화를 만들었다. 솜다리는 기념품 가게에서 액자, 핸드폰 장식품 따위에 박제된 채 도시로 팔려 갔다. 이제 솜다리는 사람들의 손이 닿기 어려운 곳, 발견하기조차 어려운 바위 절벽 위태위태한 곳에만 겨우 남아 있다.

긴 겨울이 지나고 봄기운이 돌면 봄꽃을 보려고 사람들은 산

지구에선
장미가 아니라
솜다리에
씌워 줘야겠어.

에 간다. 이른 봄 눈 속에 핀 노란 복수초를 보기 위해, 앙증맞은 변산바람꽃을 먼저 촬영하기 위해 카메라를 메고 산으로 간다. 그런데 너무 많은 사람들이 한꺼번에 몰려들면 작은 싹은 피어 보지도 못한 채 이내 밟혀 버리고, 그 싹들이 자라야하는 땅은 너무 단단하게 다져진다. 어떤 사람들은 사진을 잘찍겠다는 욕심에 야생화를 뽑아서 옮기고, 희귀 식물은 비싸게팔 수 있다며 몰래 캐 가기도 한다.

희귀 야생화 군락지로 알려진 서해안 어느 마을에는 해마다봄이면 많은 사람들이 찾아왔다. 그러나 그 수가 너무 늘자 생활하는 데도 피해를 받고 생태계에도 위협이 된다고 여긴 일부 주민들이 자동차가 지나가지 못하도록 골목길에 줄을 쳐 놓고, 농약을 뿌려서 군락지를 아예 없애 버리는 일까지 벌어지기도 했다.

우리 꽃을 뽑고 외래종을 심다

야생화는 까다롭다. 울창한 숲과 건강한 흙, 신선한 공기와 맑은 물, 그리고 볕이 잘 드는 곳에서 영양분을 받아야 피는 야생화는 답답한 도시의 화분에서는 잘 자라지 못한다. 사람도 낯선 곳에 가면 힘들어하고 적응하는 시간이 필요하듯 식물도 환경이 갑자기 달라지면 잘 자라지 못하고 이내 죽거나 시들어 버린다.

야생화가 사라지는 가장 큰 까닭은 개발 때문이다. 해마다 숲은 줄어들고 있다. 산불이 나서 타 버리기도 하고 도로와 공장, 휴양 시설, 골프장과 스키장을 지으려고 밀어 버리기도 한다. 숲이 사라지면 울창한 나무와 야생화, 이끼와 버섯, 야생동물의 보금자리 역시 한꺼번에 사라진다.

도로를 닦고 새 건물이 들어서면 본래 그곳에 살던 자생식물을 밀어내고 어디서나 흔히 볼 수 있는 원예종이나 외래종 식물을 심어 놓는다. 빛깔이 강렬해서 사람들 눈에 잘 띄고, 생존

력이 강해 어디서나 잘 자라고, 구하기도 쉽고, 값도 싸기 때문이다. 영산홍과 겹철쭉, 백철쭉, 중국단풍, 홍단풍, 팬지, 원추천인국 같은 식물이 전국 공공시설과 공원, 도로변을 수놓고 있는 까닭이다. 그러는 시이 우리 야생화는 점점 더 밀려나 이름조차 낯설게 되었고 멸종 위기종이 되고 말았다. 오랫동안 그 지역의 기후와 토양 같은 환경 조건에 맞게 자연스럽게 자리 잡은 자생식물이 사라지면 생물종이 줄고 단순해지면서 자연 생태계의 균형도 깨지게 된다.

　동식물의 멸종을 막기 위해 나라에서는 다양한 법으로 국가보호종을 지정하고 관리한다. 환경부에서는 멸종 위기 야생생물 267종을 지정했고, 해양수산부에서는 해양생물 77종을 보호 대상으로 정했다. 문화재청에서는 천연기념물 동식물 70종을 관리하고, 산림청에서는 희귀 식물과 특산 식물 571종(2020년 현재)을 지정했다. 또 식물이 해외로 함부로 나가고 들어오는 것을 막기 위해 '멸종 위기에 처한 야생동식물종의 국제거래에 관한 협약(CITES)'으로도 철저히 보호하고 있다.

　우리 역사에도 숲을 보호하려고 노력했던 기록이 남아 있다. 고려시대부터 벌목을 막고 숲을 보호하는 정책을 폈고, 조선시대에는 소나무를 보호하는 송목금벌(松木禁伐)이라는 정책을 펼쳤다. 한양의 북한산, 남산, 인왕산, 낙산 이렇게 네 곳의 나무를 함부로 벨 수 없도록 한 사산금산(四山禁山) 정책도 있었고, 왕실에서 필요한 목재를 생산하기 위해 봉산 제도를 시행하기도 했다. 하지만 소나무나 참나무 같은 일부 목재용 나무만을 자원이라 생각했고, 그 외 다른 나무들은 잡목이라 하여 관리하지 않았다. 야생화와 풀, 이끼, 습지식물 같은 종들 역시 보호하지 않았다.

식물의 종자를 보관하는 일

야생식물은 왜 보호해야 할까? 꽃은 귀하고 아름답기도 하지만, 식물이 지표면에 뿌리내리고 수분을 머금고 있어야 땅속 미생물이 분해 활동을 할 수 있고, 나무가 영양분을 공급받을 수 있다. 나무들이 굳건히 서 있어야 흙이 지탱되고 물이 흐른다. 식물은 스스로 생존하고 번식하면서 기꺼이 다른 생물의 먹이가 되고, 산소를 내뿜어 자연 생태계를 순환시키는 밑거름이 된다.

사람 역시 식물의 도움을 받으면서 살고 있다. 밥상에 오르는 나물과 채소, 과일, 곡식 들이 모두 식물이고, 집과 가구, 생활소품 역시 식물에서 얻은 재료로 만든다. 활짝 핀 꽃을 보며 즐거워하고, 푸른 나무를 올려다보면서 위안을 얻는다. 짙푸른 산과 너른 들판을 바라보면서 마음의 평화를 찾기도 한다.

야생화 가운데 산솜다리, 금마타리, 울릉국화, 변산바람꽃, 요강나물, 동강할미꽃, 자주솜대, 설앵초, 금강초롱꽃 같은 '한국 특산 식물'이 있다. 이 꽃들은 다른 나라에서는 찾아볼 수 없다. 오직 한반도 자연환경에 적응하면서 진화하여 우리 땅에만 사는 유일하고 독특한 식물이다. 이들이 우리 땅에서 멸종되면 지구에서 영원히 사라지고 만다.

흙이 드러난 빈 땅에는 이내 풀이 돋고 나무가 들어선다. 봄이 오면 어김없이 꽃이 피고 잎이 돋아 오른다. 식물은 우리가 이 땅에 오기 전부터, 인류가 지구에 나타나기 전부터 이 땅을 지키고 있었다.

경북 봉화에 있는 국립백두대간수목원에는 야생식물 종자를 보관하는 종자 저장고인 시드볼트(seed vault)가 있다. 다양한 이유로 멸종 위기에 놓인 야생식물을 보존하기 위해 야생식물의 씨앗을 모아서 보관하는 영구 저장 시설이다. 지하 터널형으로 만들어진 시드볼트는 길이가 46미터나 되고, 영하 20도 및 상대 습도 40퍼센트를 유지하고 있어서 종자 200만 점을 저장할 수 있다.

시드볼트에서는 우리나라 야생식물의 씨앗뿐 아니라 해외의 씨앗도 보관하고 있다. 이곳에 기탁된 종자의 권리는 기탁자만 가지고 있는데, 평소에는 기탁된 종자를 연구하거나 이용하지 않고 보관만 한다. 해외 종자가 다른 지역에 퍼질 경우 생태계가 교란될 수도 있기 때문이다. 종자는 매우 소중한 재산처럼 다룬다. 해외 국가에서 영구 보관을 위해 보내온 상자는 개봉하지 않고 그대로 시드볼트에 저장하는 블랙박스 시스템으로 운영한다.

　이런 시드볼트는 야생식물 종자를 보관하는 국립백두대간수목원과 식량으로 재배하는 농작물의 씨앗을 보관하는 노르웨이 스발바르 글로벌 시드볼트까지 세계에 단 두 곳밖에 없다. 만약 야생에서 자라는 특정 식물이나 농작물이 그 지역이나 나라에서 멸종되면 시드볼트에 있는 씨앗으로 복원 작업을 시작하게 된다.

　예측 불가능한 기후 위기로 인한 피해, 질병 확산, 그리고 개발과 전쟁으로 인한 대규모 생태계 파괴 같은 여러 원인으로 식물들은 큰 위기를 맞고 있다. 오래전부터 우리 땅과 기후에 적응하면서 살아온 자생식물, 오직 우리나라에서만 관찰할 수 있는 한국 특산 식물, 멸종 위기에 놓인 멸종 위기 식물뿐 아니라 이 땅에 뿌리내리고 산과 들에 부드럽고 푸른 융단을 덮어주는 모든 식물이 소중하다. 식물을 건강하게 잘 지키는 일은 지금 우리에게도, 미래 세대에게도 매우 중요하다.

- 보존(preservation)

'잘 보호하고 간수하여 남긴다'는 뜻으로, 본래 생태계를 유지하기 위해 그대로 두는 것을 의미한다. 사람의 손길이 닿는 관리마저 전혀 하지 않고 후세에 있는 그대로 남긴다는 의미가 크다.

- 보전(conservation)

'온전하게 보호하여 유지한다'는 뜻으로, 적절하게 관리하여 보존 상태를 유지하는 것을 말한다. 생태계를 이용할 때는 제한을 두고, 사람들이 최소한으로 관리함을 의미한다.

- 보호(protection)

'보전하여 호위함. 돌보아 잘 지킨다'는 뜻으로, 적극적으로 관리해서 회복시킨다는 뜻이다. 많이 훼손된 생태계를 가꾸고 돌보는 것으로, 자연에 대한 인간의 잘못된 간섭을 없애고 적극적으로 조치한다는 뜻이다.

자연보존은 비무장 지대처럼 인간의 발길이 전혀 닿지 않은 상태로 놔두는 것이고, 자연보전은 천연기념물로 선정하여 보존 상태를 유지하는 것이고, 자연보호는 쓰레기를 줍고 청소하고 거름을 주는 일처럼 적극적으로 회복하려고 애쓴다는 의미이다.

1500가지 밥맛

할머니는 알이 굵고 잘 여문 옥수수를 처마 아래에 가지런히 매달았다. 노란 찰옥수수와 붉은 쥐이빨옥수수가 처마에 나란히 매달려 있고, 가지런히 엮어 놓은 양파와 마늘, 쪽파 뿌리, 주홍빛 곶감까지 어울려 알록달록하고 풍성한 가을 풍경을 만들었다. 할머니는 강낭콩과 완두콩, 녹두, 팥, 수수, 율무 등 벌레 먹지 않고 단단하게 잘 여문 곡식을 골라서 종류별로 각각 주머니에 담아 입구를 단단하게 묶은 뒤 대청마루 위 시렁에 얹어 놓았다. 처마 아래와 대청마루 시렁은 비를 피할 수도 있고 바람도 잘 통하는 곳이라 내년 봄 본격적인 임무가 시작되기 전까지 씨앗들이 긴 겨울 휴가를 즐기기에 딱 알맞다.

봄부터 가을까지 논밭에서 자라는 농작물은 저마다 씨앗이 익는 계절이 달라서 때를 놓치지 않고 씨앗을 받는 일은 매우 중요하다. 씨앗을 잘 받아 둬야 내년 농사를 기약할 수 있기 때문이다. 자칫 때를 놓치면 잘 익은 씨앗이 땅바닥으로 떨어지거나 튕겨 나가고, 새와 벌레들이 쪼거나 갉아먹고, 비가 많이 오는 장마와 태풍이 올 때 싹이 트거나 병들어 검게 썩어 버리기도 한다.

할머니는 씨앗을 받는 날이면 특별히 정성을 들이셨다. 비구름이 물러가고 볕이 화창한 이른 아침 조심스럽게 작업을 시작하셨다. 참깨나 들깨처럼 아주 작은 씨앗들은 큰 명석이나 천을 바닥에 넓게 깔아 놓고 조심스럽게 거두었다. 이렇게 모은 씨앗은 크고 작은 주머니에 종류별로 담아 씨앗의 성질에 맞게 집 안 곳곳에 보관했다. 이처럼 가을이 되면 우리 집은 종자 보관소로 변신했다.

씨앗뿐 아니라 뿌리식물 보관법도 중요하다. 햇볕을 받고 물기가 닿으면 파랗게 변하면서 싹이 트는 감자는 어둡고 바람이 잘 통하는 창고에 보관하고, 남쪽 지방에서 와서 따뜻한 기운을 좋아하는 고구마는 사랑방에 있는 큰 단지에 넣어 두었다. 고구마는 따뜻한 방 안에서 겨울을 나니 좋고, 우리는 추운 날 바깥에 나가지 않고도 생고구마를 깎아 먹을 수 있어서 편하고 좋았다.

토란의 보관법은 더 특별하다. 알뿌리인 토란은 흙 속에 보관해야 하고 겨우내 얼지 않게 하는 것이 중요했다. 이 두 가지 문제를 함께 해결할 수 있는 곳은 바로 아궁이 앞이었다. 부엌 아궁이 앞의 흙을 옴폭하게 파내어 토란 뿌리를 넣고 다시 흙으로 덮어 두었다. 아침저녁으로 아궁이에 불을 지필 때마다 토란은 따뜻한 온기를 느끼며 추운 겨울을 무사히 보냈다. 이렇게 농가에서는 씨앗의 특징과 열매의 성질에 따라 보관하는 방법과 장소를 다르게 하여 한 해를 갈무리했다.

씨앗을 받는 할머니 손은 나무껍질처럼 거칠기는 해도 알고 보면 요술 손이다. 봄부터 가을까지 햇빛과 바람, 비, 흙의 도움을 받아 잘 자란 농작물이 열매와 씨앗을 맺으면 할머니는 이 씨앗을 마치 보석 다루듯이 한 알 한 알 소중하게 받는다. 그리고 적당한 곳에 보관하여 겨울을 무사히 넘기고, 이듬해 봄이 오면 다시 땅에 한 알 한 알 정성껏 심어서 종자의 대를 이어 가게 했다.

할머니의 손을 거쳐 우리 땅에서 오랫동안 자라면서 우리 기후에 적응한 토종 씨앗들은 종류가 매우 다양하다. 호랑이콩, 쥐눈이콩, 새알콩, 제비콩, 대추콩, 자갈콩, 알종다리콩, 자주콩, 비추콩, 푸르대콩, 눈까메기콩, 선비밤콩, 보각다리콩, 준주리콩……. 이름만 들어도 모양과 빛깔을 상상할 수 있을 정도로 개성 있다.

우리나라 밥상에서 가장 중요한 것은 역시 밥이다. 밥을 짓는 토종 볍씨의 종류도 다양했다. 한가위 때 맛볼 수 있는 찰벼라는 뜻을 가진 가위찰, 낟알 끝이 붉은색 족두리를 쓴 새색시를 닮았다는 각씨나, 조선시대 궁궐에 올렸던 찰벼였던 대궐찰, 적갈색의 긴 까락(벼 수염)이 붉은 돼지의 등처럼 보이는 돼지찰, 이삭이 능수버들 느낌이 날 정도로 휘어져 자라는 버들벼, 키가 작은 앉은뱅이벼, 벼 이삭이 암꿩인 까투리의 깃털 색깔과 모양을 닮은 자치나(雌稚糯), 검고 긴 까락에 흰 낟알 색이 인상적인 흑갱(黑粳)도 있다.

그 밖에도 흰검부기, 녹도벼, 대관벼, 자광벼, 밀다리, 족제비찰, 쥐잎파리벼, 친다다치기, 쇠머리지장, 들렁들치기벼……. 이렇게 개성 있는 벼들이 우리 땅에서 자라면서 지방마다 다양한 쌀과 밥맛을 이어 왔다.

벼는 4000~5000년 전 고조선시대부터 농사짓기 시작한 가장 오래된 재배 작물이다. 지금 재배하고 있는 토종만 해도 400여 종이고, 역사서에 기록된 것을 포함하면 1500종이 넘게 이 땅에서 자랐다고 한다. 무려 1500가지 밥맛이 있었다는 이야기다. 이 다양한 밥맛은 도대체 어디로 갔을까?

해마다 씨앗을 사는 까닭

봄이 오면 농부는 여러 가지 씨앗을 논밭에 뿌린다. 가뭄에 강한 씨앗, 일찍 이삭이 패는 씨앗, 병에 강한 씨앗을 따로 파종

했다가 날씨를 봐 가며 그해에 맞는 씨앗을 심었다. 이것이 바로 종 다양성을 가진 토종 농사법이다. 한국토종연구회는 토종을 이렇게 정의했다.

"토종은 한반도의 자연 생태계에서 대대로 살아왔거나 농업 생태계에서 농민이 대대로 사양 또는 재배하고 선발되어 내려와 한국의 기후 풍토에 잘 적응된 동물과 식물, 미생물이다."(안완식, 《우리가 지켜야 할 우리 종자》)

이처럼 토종 씨앗이란 조상 대대로 우리 땅에서 자연의 기운을 받고, 온갖 시련을 겪으면서 우리 기후에 맞게 진화해 온 종자를 말한다. 그래서 웬만한 질병에도 면역이 생겨서 농약 없이도 잘 자라고 건강한 열매를 맺는다. 물론 병에 걸리기도 하지만 내성을 키우며 진화했기 때문에 병에 걸려도 잘 버티고 잘 번지지 않는다. 그래서 좋은 먹을거리일 뿐 아니라 우리 몸에 약이 되기도 한다.

토종은 자신의 몸을 크게 키우지 않는다. 영양분이 가득한 거름을 듬뿍 주어도 과식하지 않고 자랄 만큼만 자란다. 줄기도 많이 뻗지 않고 자신이 감당할 만큼만 자란다. 그래서 열매는 달고 맛이 좋은데 수확량은 그리 많지 않다.

이 토종 씨앗은 1970년대 경제 성장을 앞세운 산업화 시기를 지나면서 급격하게 줄어들었다. 우리나라에서는 이 시기에 먹을거리 생산량을 늘리기 위해 애썼다. 열매를 많이 맺는 종자를 보급하고 많이 판매하는 데만 골몰하는 동안 다양한 토종 씨앗은 점점 변방으로 밀려나 멸종되고 말았다. 이제 농부들은 주요 농작물의 씨앗이나 모종을 해마다 종묘상에서 사다 쓴다. 고추와 상추, 오이, 수박, 참외, 배추, 무, 열무, 가지, 파처럼 우리 밥상에서 흔히 볼 수 있는 채소와 과일도 그렇다.

이렇게 시장에서 쉽게 살 수 있는 씨앗은 어떤 것일까? 종묘상에서 사 온 개량종 씨앗을 일대잡종(一代雜種, 유전 형질이 서로 다른 부모 사이에서 생긴 일대 자손)이라 한다. 이 씨앗들은 수확량이 많고 일찍 수확할 수도 있고 열매가 크고 열매살도 많다. 농부들은 농작물을 많이 수확해서 잘 팔아야 자식들을 키우고 생활도 할 수 있기 때문에 개량종 씨앗을 선택했다. 그런데 개량종 씨앗은 특정한 병에 강하게 만든 것이라서 그 병에는 강할지 몰라도 자가 치유력이 없다. 다른 병에는 아주 약하고 금방 전염되어 병이 쉽게 퍼진다. 그래서 농약이 필요하고 화학비료도 필요하다.

이런 씨앗의 또 다른 특징은 불임이라는 것이다. 이 씨앗을 심어서 한 해 수확한 뒤 다시 씨앗을 받아 이듬해에 심으면 싹이 트는 발아율이 떨어지고 병에도 약하고 열매도 잘 맺지 못한다. 또 부모를 닮지 않고 제각각으로 생긴 열매를 맺기도 한다. 어쩔 수 없이 농부들은 다시 새로운 씨앗을 사다가 키워야 한다.

종묘 회사는 왜 이런 개량종 씨앗을 만들까? 해마다 씨앗을 팔기 위해서이다. 농부들이 씨앗을 산 뒤 다시 사지 않으면 수

여긴 우리 땅이야!

익이 나지 않고, 상품성 있는 종자를 만들면 다른 회사에서 베낄 수 있어서 이런 전략을 쓰는 것이다. 다국적 회사에서 개발한 종자 가운데 '터미네이터 종자'라는 씨앗이 있다. 터미네이터 종자는 생식 능력을 스스로 제거하여 싹이 트지 않게 만든 '자살 씨앗'이다. 다음 세대의 씨앗이 스스로 독소를 분비하여 죽도록 유전자를 조작한 것이다. 또 자기네 회사에서 만든 특정한 농약을 뿌려야만 싹이 트도록 유전자를 조작하는 트레이터 기술을 쓰는 회사도 있다.

유전자 변형 생물(GMO, Genetically Modified Organism)도 눈여겨봐야 한다. GMO는 자연 상태에서는 서로 교배하지 않는 생물 사이에 다른 종의 유전자를 오려 내어 삽입하거나 조작하여 생산한 작물을 말한다. 추위나 병충해, 제초제 들에 강한 성질같이 어떤 생물에게 유용한 유전자를 골라서 다른 생물체에 넣어 새로운 종자로 탄생시킨 것이다. 토마토에 넙치의 유전자를 넣어 무르지 않는 토마토를 만들고, 제초제를 뿌려도 살아남는 박테리아 유진자를 넣어 제초제에 강한 콩을 만들고, 살충제를 생산하는 유전자를 옥수수와 면화 들에 넣어 농작물 자체가 살충 기능을 하도록 한다.

GMO는 생태계를 교란한다. GMO를 심으면 일부 잡초와 해충 들이 이 작물을 이겨 내는 내성을 길러서 더 강력한 슈퍼

잡초, 슈퍼 해충으로 거듭난다. 그럼 이를 이겨 낼 더 강한 작물을 만들어 내거나 이것들을 없앨 강력한 살충제를 만들어 내야 한다. GMO 농작물에 사용하는 농약(글리포세이트)은 여러 심각한 질병을 일으킬 수 있는 위험한 것으로 알려져 있다. 무엇보다도 농부들이 씨앗을 받아서 다음 해 농사를 지을 수 있는 권리를 빼앗고 있다.

GMO는 우리나라에서 재배하는 것이 금지되어 있지만 값이 싸기 때문에 수입을 많이 하고 있다. 옥수수와 콩, 유채, 면화, 감자, 사탕수수, 알파파 들을 식용과 가공용, 사료용으로 다양하게 이용하고 있다. 건강한 먹을거리를 생산하는 농민 단체와 소비자 단체에서는 GMO가 위험하고 안전성이 검증되지 않았기 때문에 소비자들이 선택할 수 있도록 GMO를 사용한 모든 식품에 GMO 완전표시제를 도입해야 한다고 목소리를 높이고 있다.

도시에서도 관심을 가져야 하는 까닭

토종 씨앗은 농부의 손에서 해마다 재배되어 내려오면서 그 지방 환경에 적응해 왔다. 그 과정에서 새로운 변종이 생기기도 하고, 농부의 손에서 고르고 걸러지면서 씨앗은 끊임없이 진화해 왔다. 이런 역사를 가진 토종 씨앗이 사라지는 데는 도시 소비자의 책임도 크다. 사람들이 매끈하게 보기 좋은 농산물과 익숙한 맛만 즐겨 찾기 때문에 농부들도 도시 사람들이 좋아하는 품종 위주로만 농사짓게 된 것이다. 이런 과정에서 토종 씨앗은 차츰 사라지게 되었다.

우리 토종 씨앗을 연구하고 수집하는 농촌진흥청 안완식 박사는 1985년부터 전국의 두메산골과 사찰, 섬 구석구석을 돌아다니면서 토종 종자 2만 4000여 점을 수집했다. 1985년 토종 종자를 처음 수집했던 곳을 1993년도에 다시 찾아가서 살펴니 그사이에 74퍼센트가 사라졌다고 했다. 7년 뒤에 다시 가 보니 12퍼센트만 남아 있었다고 한다. 토종이 사라지는 속도는 예상보다 훨씬 빨랐다.

최근에는 토종 씨앗을 살리기 위해 농민 단체와 소비자들이 뜻을 모아 토종 종자 살리기 운동을 벌이고 있다. 토종 씨앗을 쉽게 구해서 심고 가을에 수확한 씨앗을 다시 나눌 수 있도록 씨앗 도서관도 운영하고 있다.

우리의 먹을거리는 이 작은 씨앗에서 시작된다. 생물 다양성은 음식 문화의 다양성, 더 나아가 우리 문화의 다양성으로 이어진다. 종자 주권은 식량 주권이다. 우리가 종자를 생산하지 못하고 다른 나라에 의존하게 되면 식량 위기가 닥쳤을 때 스스로 생존하지 못하고 식량을 사들여야 해서 외국에 식량 주권을 빼앗길 수 있다. 우리 땅에 나는 것을 골고루 찾아 먹어야 농업도 지킬 수 있고 생태계도 건강한 생명력을 이어 나갈 수 있다. 땅이 건강해야 좋은 종자가 생기고, 종자가 튼튼해야 건강한 먹을거리를 생산할 수 있고, 다시 땅도 건강해지는 선순환이 이루어진다. 이것이 바로 우리가 토종을 살려야 하는 까닭이고, 도시에서 사는 사람들도 토종에 관심 기울여야 하는 까닭이다.

• 생불 다양성

지구에는 다양한 식물종, 동물종, 미생물종이 서로 도움을 주고받으며 살고 있다. 생물 다양성은 이런 생물 가운데 나타나는 종 다양성, 유전자 다양성, 생태계 다양성을 아우르는 개념이다.

숲에 사는 나무 종류가 다양하면 생물 다양성이 높다고 표현한다. 또 종은 하나라고 해도 종을 구성하는 유전적 형질은 다양할 수 있다. 은행나무만 해도 가지가 수평으로 퍼지는 나무, 위로 서는 나무, 아래로 드리우는 나무처럼 조금씩 유전적 차이를 지닌 여러 종이 있다. 그런데 가지가 위로 서는 은행나무만을 골라서 숲을 가꾼다면 생물 다양성이 낮아질 것이다. 한 지역에서 자라는 나무 종류가 다양하면 생태계도 다양해진다. 대체로 지형이 복잡하거나 면적이 넓을수록 생태계의 다양성은 높아진다.

지구 곳곳에서 훼손과 파괴, 개발이 계속되면서 멸종되는 종이 점점 늘어나자, 생물 다양성에 대한 관심이 높아지고 있다.

3부 자연의 생명들이
우리 곁에서도 행복하길

새는 왜 유리창과 충돌했을까?

새와 함께 사는 즐거움

"뻐꾹 뻐꾹."

한바탕 비가 시원하게 쏟아지고 나니 후텁지근한 열기가 사라지고 날씨가 선선해졌다. 아침에 창을 여니 기분 좋은 맑은 공기가 집 안으로 쏟아져 들어왔다. 새가 지저귀는 소리가 또렷하게 들리는 걸 보니 우리 집 가까운 나뭇가지에 뻐꾸기가 앉아 있나 보다. 뻐꾸기도 나처럼 이 아침의 맑고 시원한 공기에 기분이 좋은 게 분명하다.

'꾸우꾸꾹! 꾹!' 저 멀리에선 산비둘기 소리도 들려온다. 산비둘기 울음소리는 언제 들어도 구슬프다. 마치 가슴에 슬픔을 품고 있는 듯하다. 직박구리는 전깃줄에 앉았다가 이 나무 저

나무 이리저리 옮겨 다니며 아주 시끄럽게 울어 댔다. 화가 잔뜩 난 채 골목길에서 고래고래 소리 지르며 싸우는 듯 아주 요란하다. 참새들도 숲 덤불을 날며 재잘거리고 까치들도 나무 꼭대기에 앉아 지저귄다. 새들이 저마다 '나 여기 있어요'라고 외치는 것만 같다.

서울 한가운데에서 새들의 합창을 들을 수 있다니 이 얼마나 즐거운 일인가. 우리 집은 산 가까이에 있어서 창을 열고 가만히 귀 기울이면 새소리를 어렵지 않게 들을 수 있다. 운이 좋으면 베란다로 작은 새가 날아들기도 하고, 골목길에 새들이 내려앉아서 노는 모습도 종종 지켜볼 수 있다. 이 복잡한 도시에서 새들과 함께 살고 있다는 것이 참 위안이 된다. 이들이 씩씩하게 살고 있어서 우리 삶이 한결 풍요로워지니 말이다.

"쿵!"

어느 날 숲길을 걷고 있는데 가까운 곳에서 둔탁한 소리가 들렸다. 무슨 일일까? 깜짝 놀란 일행들과 함께 주변을 살폈다. 이런! 작은 새가 바닥에 떨어져 있었다. 박새였다. 건물에 부딪혀 바닥으로 떨어진 박새는 충격을 받아 온몸이 얼얼한지 한동안 그 자리에 가만히 앉아 있었다.

우리는 박새가 놀라지 않도록 일정한 거리를 유지한 채 조용히 바라보았다. 마침 일행 가운데 숲 해설가가 있었다. 그분 이야기로는 박새가 곧바로 날 수 있다면 가벼운 충격을 받은 것일 테지만, 만약 날지 못한다면 동물병원으로 데려가 치료해야 한다고 했다. 한동안 땅바닥에 웅크리고 앉아 있던 박새는 다행히 날개를 펴고 날아올랐다. 부디 큰 상처가 아니기를, 다시 숲에서 씩씩하게 살 수 있기를 다 함께 기원했다.

박새는 이 울창한 숲에서 왜 사고를 당했을까? 우리는 사고 원인을 찾아보기로 했다. 여기저기 둘러보다가 낮은 건물 하나를 발견했다. 그 건물 투명한 창문에 그만 박새가 충돌한 듯했다. 투명한 창문에 나무 그림자가 비치니 새들은 그저 숲속 나무라고 생각했을 것이다. 그래도 건물은 그리 높지 않고 유리창도 크지 않은 데다가, 맹금류 스티커도 붙어 있었다. '버드 세이버(bird saver)'라고 하는 이 스티커는 새들이 건물 유리창에 부

딪히지 않도록 매와 수리 같은 맹금류 그림이 그려져 있어서 새들이 피해 갈 수 있도록 한 장치이다. 이것마저 별 소용이 없었다니……. 숲은 이렇게 넓고 하늘도 광활하니 자유롭게 요리조리 피해 날아가면 될 텐데 박새는 왜 하필 낮은 건물과 충돌했을까?

새들이 유리창에 충돌하는 까닭

유리는 기원전 3500년 무렵 이집트에서 사용하기 시작했다고 한다. 1세기경 로마에서는 유리 불기 방법을 발명하여 최초로 유리창을 만들어 냈고, 그 이후 다양한 곳에 유리를 활용했다. 18세기 산업혁명 이후 유리와 철을 주로 사용한 건축물이 세워졌다. 19세기 말부터 전기가 보급되고 산업 조직이 대규모화되면서 고층 건물 수요가 생겼고, 유리 생산 기술이 발전하고 생산량도 늘면서 유리를 많이 활용한 건물이 늘어났다. 가정집이나 공공건물에도 창을 크게 내거나 전면 유리창을 설치한 곳이 늘어났고, 고속도로 방음벽도 수 킬로미터에 걸쳐 세워져 유리를 설치하기도 했다.

사람들은 유리가 투명해도 단단한 물체가 가로막고 있다는 사실을 알 수 있다. 유리창에 묻은 먼지나 얼룩으로도 알 수 있고, 가까이 다가가서 손으로 만져 볼 수도 있다. 유리창에 부딪히면 혹이 생기거나 유리가 깨질 수도 있다는 것을 직간접 경험을 통해서 터득하고 있다. 그러나 새들은 유리의 존재를 알지 못한다. 이제 막 어미 곁에서 독립한 어린 새일수록 더 그렇다. 새들에겐 투명한 유리가 그저 비어 있는 공간으로 보이고, 유리창에 비친 나무들은 숲의 일부분으로 보일 뿐이다.

새들은 하늘을 날 때 힘들게 나무 꼭대기를 넘지 않고 나뭇가지 사이로 날아 이동하면서 에너지를 아끼려고 한다. 사람들이 지름길로 쉽게 걷고 싶어 하는 심리와 같다. 이렇게 새들은 먹이를 구하기 위해 숲속이나 건물 사이를 부지런히 날아다니는데, 시속 36~72킬로미터 속력으로 날다가 단단한 유리창에 충돌하면 크게 다치고 만다. 충격으로 날개가 부러지거나 뇌진탕, 심한 골절, 척추 손상 같은 심각한 부상을 입거나 그 자리에서 죽기도 한다.

새들이 유리창을 인식하지 못한 채 충돌하는 까닭은 눈의 위치 때문이기도 하다. 사람이나 육식동물 대부분은 머리 앞쪽에 눈이 있어서 대상과의 거리가 얼마나 되는지 짐작할 수 있다. 사람처럼 납작한 얼굴에 눈이 나란히 붙어 있으면 두 눈의 시야가 겹쳐서 보이면서 거리도 짐작할 수 있고, 앞에 있는 사물도 잘 인식할 수 있다. 자신이 어느 정도 다가가면 부딪힐 수 있는지를 알아채고 본능적으로 피하게 된다.

한편 새의 눈은 대개 머리 양옆에 자리 잡고 있어서 인간과 시야가 다르다. 새는 시야가 앞과 옆, 뒤쪽을 향해 넓게 퍼져 있어서 정면보다는 옆과 뒤를 더 잘 볼 수 있다. 옆이나 뒤에서 쫓아와 공격하는 천적이나 포식자를 빨리 알아채고 피하려면 넓은 시야를 확보하는 편이 유리하기 때문에 이렇게 진화한 것이다. 대신 시야 안의 다른 물체와 자신의 거리, 방향을 인식하는 능력인 심도 인지력이 매우 떨어지고, 초점이 맞지 않아 정면에 있는 물체를 알아보기 힘들다. 새의 부리 끝 지점 정도까지만 볼 수 있어서 앞에 놓인 것이 자신의 먹이인지 아닌지를 판단할 수 있는 정도일 뿐이다. 이처럼 날고 있는 새들은 정면의 물체를 정확하게 인식하지 못한 채 투명한 유리창에 충돌하고 만다.

유리창 충돌 사고가 새들에게 치명상을 입히는 까닭은 새의 뼈 구조 때문이기도 하다. 새는 하늘을 가볍게 비행하기 위해 뼛속에 빈 곳을 많이 만들어 몸무게를 최대한 줄이는 방법으로 진화했다. 하지만 뼈가 가볍고 밀도가 낮기 때문에 충돌 사고가 나면 다른 동물보다 훨씬 더 심하게 부스러지고 바스러지며 치명적인 골절상을 입는다.

그리고 충돌하는 순간 새의 깃털에 묻어 있던 기름이 튀어 유리에 날개 무늬 도장 같은 흔적이 남는다. 때로는 몸에 묻은 진흙이나 물이 튀어 유리에 흔적이 남기도 한다. 이런 흔적을 통해서 어느 자리에서 유리창 충돌이 일어났는지 알 수 있다.

미국에서는 해마다 3억 5000만~9억 9000만 마리가량이 유리창이나 투명 방음벽에 부딪혀 죽는다고 추산하고 있고, 우리

나라에서는 1000만 마리가량이 죽는다고 추산하고 있다. 유리
창 충돌은 야생 새가 줄어드는 원인 가운데 서식지 파괴 다음
큰 요인으로 손꼽고 있다.

유리창 충돌 사고를 당하는 새의 종류는 아주 다양하다. 주
로 사람들 곁에 살면서 매우 빠르게 나는 멧비둘기와 직박구리
의 피해가 크고, 빠르고 낮게 나는 붉은머리오목눈이와 물총
새도 사고를 많이 당한다. 느리게 나는 꿩도 많이 희생되기는
마찬가지이다. 참새와 물까치, 솔부엉이, 되지빠귀처럼 자주 볼
수 있는 새들뿐 아니라 새매, 황조롱이, 긴꼬리딱새처럼 멸종
위기종도 가리지 않고 희생되고 있다.

우리가 사는 집이나 공공건물, 상업 건물, 도로의 투명 방음
벽처럼 유리가 있는 곳에서는 날마다 새들이 충돌 사고로 죽
어 가지만 평소에 사람들은 이런 사실을 잘 인식하지 못한다.
유리창 충돌로 바닥에 떨어진 새의 사체는 풀숲에 묻히거나 도
시에서는 길고양이, 족제비, 너구리 같은 동물들이 재빨리 물
어 가 버리기 때문이다.

도로에 세워져 있는 유리 방음벽도 새들에겐 큰 위협이 된
다. 최근 들어 도로의 자동차 소음 피해를 막기 위해 방음벽을
세우는 구간이 부쩍 늘었는데, 아파트나 상가에서 전망을 확보
하려고 유리로 된 방음벽을 세우는 곳이 많다. 이 유리 방음벽
은 도로 양편에 나란히 세우기 때문에 건물 유리창보다 새들이
충돌할 확률이 두 배나 더 높다.

새들을 살리는 일정한 무늬

그렇다면 이런 충돌을 예방하고 새들이 자유롭게 날 수 있게 하려면 어떻게 해야 할까? 창문이 많은 기존 건물에는 유리창과 투명 방음벽을 새의 눈에 띄도록 바꾸는 방법이 있다. 유리창에 자외선을 반사하는 불투명 테이프를 일정한 무늬와 간격으로 붙이면 새들이 이 무늬를 보고 저기에 물체가 있다는 것을 인식하게 된다. 더 쉬운 방법은 유리창에 아크릴 물감으로 점을 찍듯이 일정한 간격으로 무늬를 넣는 것이다. 긴 줄이나 그물망을 일정한 간격으로 늘어뜨리는 것도 효과가 좋다.

이때 주의해야 할 점도 있다. 새들은 폭 10센티미터, 높이 5센티미터 미만의 좁은 공간은 통과하지 않고 피해 가는 습성이 있기 때문에 테이프를 붙이거나 아크릴 물감으로 점을 찍을 때는 폭 10센티미터, 높이 5센티미터 정도로 간격을 맞추어야 효과가 높다. 맹금류 스티커 역시 격자 모양으로 촘촘히 붙여야 충돌을 예방할 수 있다.

새로운 건물을 지을 때도 새들을 위한 배려가 필요하다. 건축물을 계획하는 단계에서 유리 사용을 최소로 줄이고, 창이 필요한 곳에는 아름다운 무늬나 디자인을 더하는 편이 좋다. 건물의 외관 디자인을 보고 새들이 물체라는 것을 인식할 수 있도록 말이다. 또 일정한 무늬나 패턴이 들어 있는 유리를 사용하거나 자외선을 반사하는 특수 유리를 써도 좋다.

방음벽을 세울 때도 실크스크린 기법을 활용한 사각무늬나 일정한 물방울무늬, 줄무늬를 넣으면 좋다. 이미 세워진 방음벽에는 테이프를 일정 간격으로 붙이면 된다.

새의 유리창 충돌을 예방하는 조류 친화적 건물 디자인이 친환경 디자인이라는 사실이 알려지면서 북미 일부 지역에서는 이렇게 창문을 디자인해야 건축 허가를 내준다고 한다. 건축 설계 단계부터 조류 친화적인 디자인을 적용하면 추가로 비용을 들이지 않아도 새들이 충돌하는 것을 막을 수 있다.

새들은 생태계에서 중요한 조절자 역할을 하고 있다. 곤충과 설치류를 부지런히 잡아먹으면서 개체 수를 조절하여 곤충과 설치류 들이 농작물과 숲에 입히는 피해를 줄여 주고 바이러스와 질병의 전염을 막아 주기도 한다. 또 식물의 암술과 수술을 수분시키고 식물의 씨앗을 몸에 붙이거나 열매를 삼킨 뒤 이곳저곳을 날아다니고 똥을 싸면서 씨앗을 퍼뜨리는 역할도 한다. 이 똥은 농경지를 기름지게도 한다. 새들이 먹이를 찾으며 땅을 여기저기 뒤집는 행동 역시 농경지 발효를 돕는다.

전 세계에서 새들의 생태를 관찰하고 탐조하는 사람들이 점점 늘고 있다. 새 탐조는 취미 생활을 넘어 생태 감수성을 키우는 생태 교육으로도 주목받고 있다. 새를 바라보는 일은 즐거움을 주고 상상력을 키울 수 있게 도와주며, 노래나 시를 비롯한 예술 작품을 만들 때도 영감을 준다. 우리 집과 우리 마을에서도 새들과 함께 사는 방법을 찾아보면 어떨까?

점박이물범의 집은 녹는 중

여행하는 점박이물범

효녀 심청이 아버지의 눈을 뜨게 하려고 몸을 던진 바다는 어디일까? 그곳은 바로 물결 사납기로 유명한 서해의 인당수이다. 바다에 빠진 심청은 용궁에 갔다가 연꽃 안에서 환생했다. 이때 연꽃이 파도에 밀려 연꽃 모양을 닮은 연봉바위에 걸린다. 이 바위는 서해 백령도와 대청도 사이 물살이 굉장히 빠른 바다 한가운데 있다. 지금 이 바위에는 심청이 대신 점박이물범이 살고 있다.

엷은 은회색 몸 바탕에 검은 타원형 점이 있어 '점박이'라는 이름을 얻은 점박이물범은 땅에서는 자벌레처럼 꿈틀꿈틀 움직이지만 바닷속에서는 날쌔게 헤엄친다. 하루에 무려 100킬로미터나 이동할 정도로 체력도 대단하다. 물속에서 오래 잠수할 수 있지만, 숨을 쉬려면 물 밖으로 코를 내밀어야 한다. 몸에는 보온도 되고 물기도 쉽게 털 수 있도록 짧은 털이 나 있고, 짧은 꼬리는 눌러놓은 것처럼 평평한 모양을 하고 있다. 점박이물범은 물개, 바다사자와 사촌지간인데, 이들은 모두 지느러미 모양의 발을 가지고 있고 기각류에 속한다.

점박이물범은 먹이를 구할 때 말고는 종일 바위 위에 누워 일광욕을 한다. 털과 두꺼운 지방층까지 가진 점박이물범이 뙤약볕에서 일광욕을 즐기는 까닭은 털갈이를 빨리하기 위해서이다. 또 체온도 조절하고, 호흡과 체력을 회복하기 위해 주기적으로 물 밖에 나오고 바위 위에서 휴식을 즐긴다. 다리가 짧아 바위 위에 올라가기 쉽지 않지만, 바닷물이 차오르고 빠지는 때를 알고 있어서 바위가 물에 잠겨 있을 때 그 위에 떠 있다가 물이 빠질 때 자연스럽게 내려앉는 방식으로 바위 위로 올라간다. 다시 물에 들어갈 때는 몸을 굴려서 들어간다.

점박이물범은 연어와 송어처럼 자신이 태어나고 자란 곳으로 되돌아가는 독특한 회귀 본능을 가지고 있다. 중국 보하이 랴오둥만에서 한겨울을 보내면서 새끼를 낳은 점박이물범은 이듬해 3월 새끼들과 백령도로 이사한 뒤 11월까지 지낸다. 백령도에는 까나리, 우럭, 조피볼락, 놀래미 같은 먹이가 풍부하기 때문이다. 그리고 11월 무렵, 다시 랴오둥만으로 이동하여 1월과 2월 중순 사이 얼음 위(유빙)에서 새끼를 낳는다.

갓 태어난 새끼는 온몸이 하얀 솜털로 덮여 있다. 아직 수영을 하지 못하는 어린 녀석은 얼음 위에서 머물면서 햇볕을 쬐고 잠을 잔다. 새끼는 태어난 지 약 2주 뒤부터 털갈이를 시작하여 4주째가 되면 솜털을 완전히 벗어 버리고 반점이 있는 짧고 단단한 털옷으로 갈아입는다. 이렇게 한 달이 되면 어미 곁을 떠날 준비를 해야 한다. 봄이 오고 따뜻해져서 얼음이 녹기 전에 독립해야 하기 때문이다.

물범은 다 어디로 갔을까?

점박이물범은 북태평양 온대와 한대 해역에 주로 산다. 러시아 연해주와 오호츠크해, 캄차카반도, 베링해, 알래스카만 일대에 살고 있고, 서해와 보하이만 연안에도 살고 있다. 우리나라에서 관찰할 수 있는 점박이물범은 주로 백령도에서 만날 수 있는데, 하늬바다 앞 물범바위와 두무진 앞 물범바위, 연봉바위에 주로 머문다. 드물게 가로림만과 남해, 동해까지 먹이를 찾아 떠나는 용감한 녀석도 있다. 백령도는 남북이 분단되고 비무장 지대가 되면서 긴장 관계가 계속되었다. 그래서 사람들의 이동이 자유롭지 않지만, 도리어 물범은 더 편하게 보금자리를 만들 수 있었다.

19세기 초 정약전 선생이 쓴 《자산어보》에도 물범에 관한 기록이 있다. 물범은 잡류 해수 편에 '올눌수(膃肭獸)'라는 이름으로 등장한다. "개와 비슷하지만 몸집은 그보다 크고 눈은 고양이와 비슷하고 꼬리는 당나귀와 비슷하다. 발가락은 물오리처럼 붙어 있고 물에서 나오면 걸을 수가 없어서 누워서 뒤뚱거린다."

지금부터 200년 전, 백령도를 지나 태안반도, 칠산바다 그리고 흑산도까지 우리나라 서해안은 물범의 집단 서식지였다. 그러나 지금은 개체 수가 점점 줄어들어 2007년 해양수산부가 정한 보호 대상 해양생물로 지정되었다.

중국 보하이해와 우리나라 서해안을 오가는 점박이물범은 1500마리가량으로, 이 가운데 300여 마리가 백령도를 찾아온다. 이들 가운데 몇몇은 백령도에만 머물지 않고 서해안 가로림만과 북한 해안 같은 다른 서식지로 이동하기도 한다. 2018년 서식 실태 조사 결과에 따르면 백령도 일대에서 316마리가, 가로림만에서 11마리가 관찰되었다고 한다. 1991년 중국 학자들이 조사한 자료를 보면 서해안의 점박이물범은 1940년대에는 8000마리가량이 살았는데 1980년대에는 약 2300마리, 1990년대 초에는 약 1000마리까지 점점 줄어들었다.

물범은 왜 사라지고 있을까? 바로 불법 포획 때문이다. 사람들은 모피와 고기, 기름, 수컷의 생식기를 약재로 쓰거나 수족관 관람용으로 활용하기 위해 밀렵을 했다. 1950년대 중국에서는 한 해에 1000마리 이상 잡았고, 1960~1970년대에는 해마다

400~500마리를 잡아들였다. 그러자 1988년 중국 정부는 물범을 '국가 1급 중점 보호 야생동물'로 지정했고, 1992년 다롄시는 '점박이물범 자연보호구역'을 지정했다.

또 다른 원인은 보하이만 일대에서 계속되는 산업 개발과 갯벌 매립으로 인해 물범의 서식지가 파괴되고 있다는 점이다. 우리나라 백령도에서는 물범이 어민들이 설치한 그물과 통발에 들어 있는 물고기를 먹으려고 훼손하면서 사람과 물범의 갈등이 계속되고 있다.

물범을 위협하는 또 다른 원인은 이들의 보금자리가 점점 녹고 있다는 것이다. 물범은 얼음이 있어야만 살 수 있다. 물속 300미터까지 잠수할 수 있지만 반드시 코로 숨을 쉬어야 하기 때문에 물 위에 떠 있는 얼음에 매달려 숨을 쉰다. 또 바다 한가운데 떠 있는 얼음 위에는 사람이나 다른 동물이 가까이 오지 못하니 그곳을 보금자리 삼아 새끼를 낳는다. 바다 위에 떠 있는 유빙은 해안선에서 65~85킬로미터 떨어져 있어 점박이물범이 편안하게 새끼를 낳을 수 있다. 랴오둥만의 얼음은 12월 중순에서 이듬해 3월 하순까지 얼어 있다. 그런데 지구의 기후가 변하면서 바다 위 얼음이 점점 빨리 녹고 있다. 기후 위기는 이처럼 사람뿐 아니라 야생동물에게도 큰 영향을 미치고 있다.

모든 기록을 갈아 치우는 기후 위기

지구는 왜 더워지고 있을까? 동그란 모양의 지구는 기체들이 감싸고 있다. 태양의 열에너지가 지구에 닿으면 일부는 땅과 바다를 따뜻하게 데우고, 일부는 반사되어 우주로 날아간다. 이때 지구를 감싸고 있는 기체들이 우주로 날아가는 열에너지를 붙잡아 둔다. 이것이 마치 따뜻한 온실의 유리 같은 구실을 한다고 해서 '온실가스'라고 한다.

이 온실가스로 인해 열이 모두 우주로 날아가지 않고 지구의 온도를 평균 15도로 유지시켜 주고 있다. 만약 이 온실효과가 없다면 지구는 너무 추워서 살기 힘들 것이다. 대기 중에 있는 수증기와 이산화탄소, 메탄, 일산화질소, 오존 같은 기체들이 이런 일을 하고 있다. 그런데 사람들이 내뿜는 온실가스가 점점 늘어나면서 우주 밖으로 날아가는 열이 줄어들며 지구의 온도가 점점 높아지고 있다. 이것을 '지구온난화'라고 한다.

사람들이 내뿜는 온실가스는 이산화탄소, 메탄, 아산화질소, 수소불화탄소, 과불화탄소, 육불화황 들이 있다. 그 가운데서도 배출량이 가장 급격하게 늘어나고 있는 이산화탄소에 주목해야 한다. 이산화탄소는 석유와 석탄, 천연가스 같은 화석 연료를 사용할 때 배출되는데, 자동차와 비행기를 운행할 때, 집이나 회사에서 보일러를 돌릴 때, 공장에서 물건을 만들 때, 전기를 일으키는 화력 발전소에서 화석 연료를 태울 때 특히 많이 배출된다. 또 건물을 짓고 도로를 닦으면서 나무를 베고 숲을 없애서 이산화탄소가 산소로 바뀌지 못하는 문제도 있다.

전체 온실가스 배출량 가운데 에너지 부문이 약 73퍼센트로 가장 많은 비중을 차지하고, 다음은 농업 11.8퍼센트, 토지 이용의 변화가 6.5퍼센트, 산업 공정은 5.6퍼센트, 폐기물이 3.2퍼센트의 비중을 차지하고 있다. 우리나라의 온실가스 배출량은 세계 11위(2020년 현재)이다.

2007년 기후 변화에 관한 정부 간 협의체(IPCC) 4차 보고서에서 지난 100년간(1906~2005년) 지구 평균 온도가 0.74도 올랐다고 발표했는데, 지난 100년 동안 우리나라 평균 기온은 1.5도 올랐다. 체온이 1~2도만 올라도 몸이 불덩이 같고 몸살이 나는 것처럼 1.5도의 변화는 지금 한반도를 뒤흔들고 있다.

1990년대 우리나라 겨울은 1920년보다 한 달 정도나 짧아졌고, 여름과 봄은 길어져 개나리와 벚꽃 같은 봄꽃이 피는 시기도 빨라졌다. 농작물의 씨 뿌리기와 모종을 심는 시기도 15일가량 빨라졌고, 모내기 시기도 앞당겨졌다. 망고, 파파야, 키위 같은 열대 과일을 우리나라에서 재배할 수 있고, 지역을 대표하는 특산물 지도도 바뀌고 있다. 대구 사과가 맛있다는 것은 이제 옛말이 되었다. 사과 재배지가 점점 북쪽으로 올라가서 이제 대구에서는 사과를 재배할 수 없기 때문이다.

2018년 8월 1일 강원도 홍천의 낮 기온은 무려 41도까지 오르면서 지금까지의 모든 폭염 기록을 갈아 치웠다. 2020년 여름엔 6월에 시작된 장마가 8월 초까지 무려 54일간 이어지면서 역대 가장 긴 장마를 기록했다. 추운 2월과 11월에도 모기가 날아다니고 겨울에는 눈이 적게 내리고, 여름에는 예전보다 강한 폭우가 쏟아진다. 2019년에는 시베리아와 호주에서 산불이 나고 유럽에서는 폭염이 이어지는 등 전 세계가 몸살을 앓고 있다. 이런 기후 변화 문제는 예측하기 매우 어려워서 대비책을 마련하기도 쉽지 않다. 그래서 이제는 부드러운 표현인 기후 변화가 아니라 기후 위기라고 말하는 것이다.

온실가스, 얼마나 줄여야 할까?

그렇다면 우리는 온실가스 배출량을 얼마나 줄여야 할까? 2015년 파리에서 열린 '제21차 유엔기후변화협약 당사국 총회

(COP21)'에서 '이번 세기말까지 지구 평균 온도가 산업화 이전 대비 2도 이상 절대 상승하지 않도록 제한하고, 온난화의 마지노선인 1.5도 밑으로 제한하기 위해 노력한다'고 전 세계가 합의했다. 2018년 인천 송도에서 열린 기후 변화에 관한 정부 간 협의체 회의에서는 '1.5도 특별보고서'를 채택했는데, 2100년까지 기온 변화를 2도 이내로 제한하려면 온실가스를 2040년까지 약 40퍼센트(2005년 대비), 1.5도 이내로 제한하려면 약 70퍼센트까지 감축해야 한다고 한다. 우리나라도 이 목표를 달성하기 위해 온실가스 배출량을 얼마나 어떻게 줄일 것인지 빨리 계획을 세우고 행동으로 옮겨야 한다.

천연기념물 제331호로 지정된 점박이물범은 서해안 해양 환경의 지표종이자 깃대종이다. 서해안에서 한 종이 사라지는 것은 그 종이 멸종하는 것만을 의미하지 않는다. 그만큼 생태계가 변하고 있음을 뜻한다. 기후 위기는 나라와 대륙의 구별이 없다. 중국에서 얼음이 녹는 것은 중국만의 문제가 아니다.

과거에는 물범은 밀렵으로 줄어들었지만 지금은 기후 위기 때문에 보금자리마저 사라져 생존의 위협을 받고 있다. 가쁜 숨을 쉬기 위해서도, 편안하게 새끼를 낳기 위해서도 얼음은 반드시 필요하다. 이 소중한 공간을 점점 잃어버리고 있는 물범의 위기는 곧 기후 위기를 겪고 있는 우리의 모습이 아닐까?

더 알아볼까요?

• 기후 변화에 관한 정부 간 협의체(IPCC)

인간 활동에 의해 일어나는 기후 변화의 실태를 살피고 그 위험을 평가하기 위해 1988년에 설립한 국제기구. 세계기상기구(WMO)와 유엔환경계획이 공동으로 설립했으며 본부는 스위스 제네바에 있다. 기상학자, 해양학자, 빙하 전문가, 경제학자 같은 세계 곳곳의 전문가들이 참여하고 있고, 기후 변화에 관한 유엔기후변화협약 (UNFCCC)의 실행에 관한 보고서를 발행하는 것이 주요 임무이다. 이 보고서는 기후 변화에 관한 회의나 토론에서 널리 인용된다.

• 유엔기후변화협약(UNFCCC)

기후 변화 문제를 해결하기 위해 전 세계의 모든 온실가스 배출을 규제하기 위한 협약. 1992년 6월 브라질 리우 회담에서 채택되어 '리우환경협약'이라고도 한다. 2021년 현재 195개국이 참여하고 있으며 한국은 47번째로 가입했다. 유엔기후변화협약 당사국 총회는 이 협약에 가입한 나라들이 참여하는 회의로, 기후 상황을 점검하여 온실가스 감축량을 정하고 어떻게 줄일지를 함께 논의한다.

• 천연기념물

동물(서식지·번식지·도래지 포함), 식물(자생지 포함), 지질·광물, 천연보호구역까지 중요한 가치가 있는 것을 '문화재보호법'에 의해 국가에서 지정한 문화재이다. 1933년 일제강점기 조선총독부가 '조선

보물·고적·명승·천연기념물 보호령'을 제정하고 공포하면서 시작되었다. 그 뒤 1962년 '문화재보호법'이 제정되었는데, 이 법은 우리나라 자연을 원형 그대로 보존하고, 기념할 가치가 높은 자연물을 보전하고 보호하기 위한 목적에서 만들었다. 2017년 기준으로 천연기념물은 총 552점이 지정되어 있다.

강남 간 제비는
왜 돌아오지 않을까?

제비와 마루 청소

"이크, 저 제비 쫓아라! 밥상에 똥 떨어질라."

대청마루에 둘러앉아 밥을 먹다가 한바탕 소동이 벌어졌다. 갑자기 제비 한 마리가 날아들어 곡예비행을 했기 때문이다. 아버지는 수건을 휘두르고 나는 빗자루를 들고 동생은 부채를 휘저으며 제비를 몰아내느라 야단법석이었다. 그대로 두었다가는 누구 밥그릇에, 누구 머리에 제비 똥이 떨어질지 알 수 없었다. 어디 똥뿐인가, 깃털과 입에 문 지푸라기와 진흙 덩어리도 떨어뜨릴 수 있었다. 왜 너희끼리만 맛있는 밥을 먹냐고 심통 부리듯 녀석은 마루와 문 열린 안방, 사랑방 사이를 어지럽게 날며 정신을 쏙 빼놓았다.

한바탕 소동을 일으키고 나서야 제비는 마당을 가로질러 앞집 지붕까지 포물선을 그리며 유유히 날아올랐다. 그러자 우리 식구들은 밥상에 둘러앉아 다시 숟가락을 들었다. 매정하게 쫓아내긴 했지만 녀석은 곧 우리 집으로 돌아올 것이다. 녀석의 집은 우리 집 처마에 매달려 있으니까. 그 처마에는 다섯 마리나 되는 새끼들이 입을 쫙쫙 벌리며 기다리고 있다.

겨울 동장군이 물러가고 아지랑이 가물가물한 봄이 오면 마을에도 생기가 돌았다. 어른들은 겨우내 묵혀 두었던 농기구를 손질하고 논밭을 갈아 씨앗을 심고, 아이들은 새 학년이 되어 학교에 갔다. 개구리가 겨울잠에서 깨어나는 경칩을 지나 음력 3월 3일인 삼월 삼짇날이 되면 강남 갔던 제비가 다시 돌아와 집을 짓기 시작했다. 논에서 물고 온 진흙을 바르고 지푸라기와 작은 나뭇가지, 풀을 모아 반원형의 포근한 집을 부지런히 지었다. 얼마 후엔 그 안에 알을 낳고, 곧 새끼들이 꼬물댔다. 어미 제비는 부지런히 먹이를 물고 와서 새끼들 입에 넣어 주었다.

마당을 가로질러 쳐 놓은 빨랫줄에 제비 수십 마리가 나란히 줄지어 앉아 '지지배배, 쫑알쫑알' 귀가 따가울 정도로 수다 떠는 모습은 장관이었다. 나는 마루 끝에 걸터앉아 턱을 괴고 눈동자를 굴리면서 제비 집을 쳐다보았다. 저 제비 부부는 작년에도 우리 집에 왔던 그 제비일까, 아니면 다른 제비일까? 제비들은 무슨 이야기를 하고 있을까? 먼바다를 건너오느라 힘들었다고 이야기하고 있을까? 우리 동네 이야기도 할까? 혹시 자신들을 뚫어지게 바라보는 내 얘기도 하고 있을까? 언제쯤이면 나는 제비의 이야기를 알아들을 수 있을까? 보면 볼수록 제비의 생태는 신기했다.

보통 새들은 높은 나뭇가지 위나 숲속에 집을 짓고, 부엉이나 소쩍새처럼 밤에 활동하면서 사람을 경계하고 되도록 멀리 떨어져 산다. 그런데 사람 집으로 날아들어 둥지를 틀다니, 제비들은 참 용감하고 대범한 것 같다. 제비는 농촌 마을회관이나 식당, 가게같이 사람들이 많이 다니는 건물에 둥지를 짓고 폐가에서는 살지 않는다. 제비는 주로 처마 밑에 둥지를 짓는데, 과감하게 방 안에 둥지를 트는 녀석도 있다. 아마도 제비는 사람들 가까이에서 살아야 천적을 피할 수 있다고 생각하는 모양이다.

제비 때문에 생기는 번거로운 일은 밥상 소동으로 끝나지 않았다. 여름이 되면 우리 집은 마루에 밥상을 차리곤 했다. 식사준비가 끝나 갈 무렵, 부엌에서 어머니는 이렇게 외쳤다.

"걸레 싹싹 빨아서 얼른 마루 닦아라! 제비 똥도 매매('꼼꼼하게, 열심히'라는 경상도 사투리) 닦고……."

밥을 먹기 전에는 언제나 마루 청소부터 해야 했다. 마중물을 부어야 '꺼어꺽' 거친 숨을 내쉬며 물을 퍼 올리는 펌프 샘에서 물을 길어 걸레를 빨고 마루를 닦았다. 제비 집 아래 마루 끝에는 늘 제비 똥이 수북이 떨어져 있었다. 날마다 반복되는 일, 귀찮지만 얼른 해치우는 편이 나았다. 시간이 지나 똥이 굳으면 닦아 내기가 더 어렵기 때문이다. 제비 똥이 말라 버리면 두 손으로 걸레를 잡고 얼굴이 빨개지도록 빡빡 닦아야 할 정도로 쉽지 않았다.

번거로운 일이 생겨도 마을 사람들은 제비가 돌아오는 걸 반겼다. 올해는 제비가 좀 늦게 왔다느니, 우리 집 제비는 새끼를 몇 마리 낳았다느니, 누구네 집에는 제비 집이 두 개나 있다느니 같은 이야기를 두런두런 나누었다. 제비가 새끼를 많이 낳으면 풍년이 들 징조라거나 제비가 땅 가까이 낮게 날고 있으니 곧 비가 올 것이라며 제비들을 보며 앞날을 짐작하기도 했다. 제비가 낮게 날면 논둑을 터서 비에 대비했고, 높이 날면 논둑의 물이 새어 나가는 것을 막았다. 비가 오기 전 날씨가 흐리고 습도가 높으면 곤충들은 날개가 무거워서 땅 가까이 내려오는데, 곤충들을 낚아채 먹이로 삼는 제비 역시 덩달아 낮게 날기 때문이다.

제비들의 강남은 어디일까?

전 세계에서 제비과에 속하는 새는 19개속 88종이다. 이 가운데 우리나라에서 관찰된 종은 6종이다. 그 가운데 제비와 귀제비는 우리나라에서 번식하고, 갈색제비와 흰털발제비, 흰턱

제비는 우리나라를 지나가는 나그네새(통과 새)이다. 바위산제비는 잠시 길을 잃어서 우리나라에서 발견된 적이 있었다.

제비는 1970~1980년까지 해마다 우리나라를 찾아오는 철새 가운데 가장 흔히 볼 수 있었던 새였다. 남극과 북극을 제외한 전 세계에서 살고 있는 제비는 삼월 삼짇날 무렵 우리나라를 찾아와 머물며 새끼를 낳아 기르다가 중양절(음력 9월 9일) 즈음 강남으로 돌아간다. '강남 갔던 제비가 돌아온다'는 속담 속의 강남은 우리보다 날씨가 더운 중국 양쯔강 아래 지방과 베트남, 미얀마, 태국 지역을 말한다.

그렇다면 제비가 겨울을 나는 월동지는 어디일까? 2018년 경남도교육청의 제비생태탐구 프로젝트팀은 제비의 월동지 이동 경로를 추적하기 위해 제비 10마리에게 작은 위치추적기를 달았다. 2019년 봄 그 가운데 한 마리가 경남 밀양으로 되돌아왔다. 제비를 포획하여 위치추적기에 저장된 날짜별 위도와 경도 정보를 지도에 표시해 보았다. 제비는 제주도를 지나 인도네시아 보르네오섬까지 24일 만에 무려 4000킬로미터를 날아갔고, 그 후에는 속도를 늦춰서 비행 67일 만에 수마트라섬에 도착했다. 그 작은 몸으로 하루 평균 166킬로미터씩 비행한 것이다.

매우 빠른 속도로 날아다니는 제비는 다른 새보다 입이 넓어서 공중에서 잠자리, 나비, 나방, 딱정벌레 같은 곤충을 잡아먹을 수 있다. 제비는 경단 모양으로 만든 진흙과 마른 풀을 엮어서 사람이 사는 집 처마 밑에 둥지를 만든다. 이 둥지를 짓기 위해 제비 부부가 재료를 물고 오가는 비행 횟수는 무려 1000번이나 된다고 한다.

제비가 아름답게 비행하는 모습은 시골이든 도시든 우리나라 어디서나 흔히 볼 수 있었다. 그러나 지금은 그렇지 않다. 도시로 날아든 제비는 빌딩 사이에서 둥지 지을 적당한 곳을 찾지 못하고, 집 짓는 재료인 진흙과 풀도 구하기 힘들어졌기 때문이다. 시골에도 기와집이나 초가처럼 처마가 있던 집이 점점 사라지고 양옥집과 빌라, 아파트가 늘어나면서 제비들이 집을 짓기가 어려워졌다.

무엇보다도 먹을거리가 풍성했던 논과 그 가장자리의 물웅덩이, 너른 들판에 공장이나 상가, 도로가 들어서면서 콘크리트

난 밀양으로 갈게

와 아스팔트로 덮여 버렸다. 태국이나 베트남 같은 제비의 월동지도 계속 개발되면서 서식지가 줄어들고 먹이마저 부족해지자 제비 수는 점점 줄어들었다.

또 다른 원인은 농약이다. 병충해가 오기 전부터 들판이 하얗도록 농약을 뿌려 대는 바람에 제비가 즐겨 먹던 벌레들이 사라지고 물도 오염되었다. 뜨거운 땡볕 아래 너른 논밭에서 종일 풀을 뽑고 벌레를 잡아야 하는 농사일은 무척 힘이 들고 일손도 많이 필요하다. 이런 문제를 해결하기 위해 농약을 뿌리게 되었다. 농약은 농작물의 성장을 방해하는 균, 곤충, 응애, 선충, 바이러스, 풀 같은 것을 없애려고 뿌리는 약제이다.

그런데 농약은 독성이 매우 강해서 병균이나 잡초뿐 아니라 동물과 사람에게도 피해를 준다. 농약을 뿌리던 농부가 쓰러지거나 병을 얻고 목숨을 잃는 일까지 벌어졌다. 새들도 농약이 묻은 농산물이나 곤충을 먹고 죽거나 농약에 오염된 물에 중독되기도 한다.

우리 조상들은 오랜 세월 하늘과 땅, 물, 바람이 함께 농사짓는 유기농업을 해 왔다. 집에서 직접 만든 퇴비와 거름을 주고 논밭을 갈아 농사를 지었다. 그러다 1970년대부터 농산물 생산량을 높이고 고된 노동을 줄이기 위해 농약과 화학비료를 뿌리기 시작했다. 농사일은 한결 수월해졌고 열매는 더 굵고 탐스러워졌다. 도시 소비자들은 빛깔이 좋고 열매가 굵고 실한 농산물만 사려고 했다. 그러자 농촌에서는 농약을 점점 더 많이 뿌리기 시작했다. 냇가에 흐르는 물을 함부로 마실 수 없게 되었고 개구리와 메뚜기, 물방개, 송사리 들도 점점 줄어들었다. 이들이 사라지니 새들도 더 이상 찾아오지 않게 되었다.

새들이 사라지면 생기는 일

새들을 위협하는 원인은 여러 가지가 있다. 야생동물을 전문적으로 구조하고 치료하는 충남야생동물구조센터의 자료를 보면 야생에 사는 새들이 죽는 원인은 유리창과 전선과의 충돌, 기생충 감염, 차량 충돌, 인공 구조물에 얽힘, 농약 중독 사고, 납과 중금속 중독 사고, 농수로 고립, 올가미, 총상, 끈끈이 따위로 다양하다고 한다.

이 가운데 새들에게 가장 큰 위협이 되는 것은 서식지 훼손이다. 우리나라 갯벌을 찾아오는 물새들은 서해안의 무인도에서 집단으로 번식하고 인근 갯벌이나 습지에서 먹이를 찾는다. 그런데 갯벌을 매립하고 간척 사업을 벌이면서 새들의 번식지와 먹이터, 휴식 공간이 사라지거나 훼손되고 있다. 철새들이 먹이 활동을 하는 논 역시 여러 개발 사업으로 점점 줄어들고 있다.

하천과 바다에 버려진 쓰레기도 새들에게 위협적이다. 낚시꾼들이 함부로 버린 낚싯줄과 낚싯바늘 같은 날카로운 쓰레기를 새들이 삼키거나 호기심에 건드렸다가 목에 걸리면 치명상을 입고 곧바로 죽을 수 있을 정도로 위험하다.

사라지는 것은 제비만이 아니다. 황새와 따오기, 두루미, 크낙새, 저어새, 까막딱따구리처럼 멸종 위기에 처해 있거나 우리 땅에서 이미 멸종된 새들도 많다. 새들이 사라지는 것은 그저 좋은 구경거리 하나를 잃어버리는 것으로 그치지 않는다. 새들은 곤충을 먹이로 삼으면서 곤충들이 많이 늘어나지 않도록 조절해 주고, 농산물을 갉아먹는 곤충도 잡아먹으니 농사에도 이롭다. 새들이 사라지면 곤충과 벌레들이 늘어난다. 그럼 사람들은 더 강한 살충제를 뿌리게 되고 농약 때문에 땅과 물, 농산물까지 오염되어 다시 사람에게 해를 입히는 악순환이 되풀이된다.

1960년대 중국에서는 사해(四害) 추방 운동을 벌인 적이 있다. 참새와 쥐, 파리, 모기까지 '해로운' 네 가지를 완전히 없애자는 운동을 대대적으로 벌였다. 사람들은 참새들을 없애면 참새가 벼를 쪼아 먹는 양이 줄어 벼 수확량이 늘어나리라 생각했다. 그래서 참새를 닥치는 대로 잡아들였다. 그런데 참새가 줄어드니 해충이 폭발적으로 늘어나 더 큰 피해를 보게 되었다. 참새 포획 운동은 얼마 지나지 않아 중단되었다. 참새가 하는 역할의 중요성을 깨달은 것이다. 참새는 번식기 때 곤충을 잡아서 새끼에게 먹이는데, 새끼 참새들은 엄청난 양의 곤충을 먹는 대식가들이다. 이렇게 참새들이 열심히 곤충을 잡으면서 곤충의 수를 줄여 준다. 참새는 농작물을 쪼아 먹는 해로운 새가 아니라 곤충의 개체 수를 조절하여 농작물이 자라는 데 도움을 주는 이로운 새였던 것이다.

제비는 착한 흥부에게 박씨를 물어다 주어 부자가 되게 했다는 옛이야기를 남겼다. 어른들은 제비가 처마 밑에 둥지를 틀면 좋은 일이 생길 거라고 믿었고, 마당 가득 날아다니는 제비를 보면서 다양한 이야기를 만들어 냈다. 제비를 비롯한 새들이 사라지면 당장 우리 삶에 어떤 변화가 일어날지 구체적으로 예측하기 어렵다. 다만 오랫동안 전해져 내려오는 옛사람들의 경험담과 최근의 생태계 모습을 비교해 보며 이 변화가 얼마나 거대하고 위험한지 짐작해 볼 따름이다.

물속 장난꾸러기

"아앗! 괴물이다, 괴물이 나타났어!"

어스름 저녁, 마을 앞 냇가에서 시원하게 멱을 감던 사람들이 갑자기 비명을 지르며 뛰쳐나왔다. 물속에서 움직이는 뭔가를 발견한 것이다. 신발도 제대로 챙기지 못한 사람들은 '걸음아 날 살려라' 하며 어둑한 밤길을 줄행랑쳤다.

더운 여름날, 욕실도 없고 공중목욕탕도 없었던 시절, 시골 마을 여인들은 해가 지면 삼삼오오 모여 마을 앞 냇물에서 멱을 감았다. 아이들과 남정네들이 냇가에서 노는 대낮을 피해서 저녁에 모여든 여인들은 서늘한 물속에서 땀을 식히며 도란도란 이야기를 나누고 있었다. 그런데 그 곁에 머리를 내밀고 코에서 바람 소리를 내뿜는 생명체가 불쑥 나타난 것이다. 사람들이 괴물로 착각한 것은 바로 수달이었다.

사람들이 멱을 감던 그 시간은 수달이 활동하는 시간이었다. 더운 낮에 굴속에서 늘어지게 잠을 자던 수달은 선선해지는 해질 무렵에 일어나 헤엄쳐서 마을 어귀까지 내려왔다. 사람을 겁내지 않고 장난치기를 좋아하는 녀석이 멱을 감던 사람들 곁으로 슬쩍 다가간 것이다. 수달은 물속에 있을 때는 두려움을 느끼지 않고 사람을 위협하기도 할 정도로 대담하게 행동한다.

수달은 자맥질을 서너 번 하면 물고기를 쉽게 낚아챌 정도로 실력 있는 사냥 선수이다. 수달이 사냥으로 이름을 날릴 수 있는 데는 타고난 몸매 덕이 크다. 몸이 날씬한 유선형이어서 미끄러지듯 헤엄칠 수 있고, 조타수 역할을 하는 꼬리와 발가락 사이에는 물갈퀴까지 있어서 물고기를 잡기에 최상의 몸 구조이다. 먹이를 감지할 수 있는 레이더 장치 같은 긴 수염도 가지고 있다. 물고기가 움직일 때 일으키는 파장을 이 수염으로 감지하여 귀신같이 물고기의 은신처를 찾아낸다. 수달의 코와 귀는 물속에선 자동으로 닫혀서 몸속으로 물이 들어오는 것을 막는다.

장난꾸러기 수달은 물고기를 사냥해서 허겁지겁 먹어 치우는 대신 잡은 물고기를 가지고 놀기를 좋아한다. 물고기를 요리조리 치면서 가지고 노는데, 이런 여유 역시 물속 최고의 사냥꾼이라서 부릴 수 있다. 물고기보다 수영을 잘하기 때문에 놓쳐

도 금세 다시 잡을 수 있다. 그래서 물속에서는 사람도 좀체 무서워하질 않았던 것이다.

수달은 가재 같은 갑각류, 양서류와 파충류, 조류, 작은 포유류까지 다양한 먹이를 먹지만 주식은 물고기이다. 물고기를 하루에 1킬로그램씩 먹어 치운다. 덩치가 작은 녀석이 과식하는 까닭은 물속에서 헤엄칠 때 에너지를 많이 쓰기 때문이다. 조용한 밤에 물가에서 '삐이, 삐이' 하는 금속음은 수달 어미와 새끼가 교신하는 소리이고, '키리릭, 끼리리릭' 하는 높고 큰 소리는 암수가 서로 사랑하며 장난치는 소리이다. 숨소리처럼 '쉭, 쉬이익' 하는 소리는 사람을 경계한다는 뜻이다.

수달은 깊은 산 계곡과 강, 호수, 늪, 저수지의 수풀이 우거진 곳에 살고, 육지와 떨어진 섬에도 산다. 인적이 드문 지역에서는 대낮에 활동하는데, 마을 근처나 여름에는 주로 밤에 활동한다. 겨울에는 대낮에도 움직이는데, 추운 밤에 물속에 잠수했다가 얼음이 얼면 출입구가 막혀 죽을 수 있다는 것을 본능으로 알기 때문이다.

이렇게 영리한 수달은 그 수가 점점 줄어들어 1982년 천연기념물(제330호)로 지정되었다. 물에서 사는 수달은 '민물에 사는 물개'로 잘못 알려지는 바람에 사람들이 정력에 좋을 것이라며 앞다투어 수달을 밀렵했기 때문이다. 수달의 가죽인 수달피를 얻기 위해 덫을 놓아 밀렵하기도 했다. 사람들이 낚시하고 함부로 버리고 간 쓰레기도 수달의 생명을 위협했다. 낚싯줄에 발이

묶여 움직이지 못해 죽거나 삼각망과 장어통발에 갇혀 죽기도
했다. 냇가와 강물이 오염되는 것도 수달이 사라지는 이유가 되
었다. 논밭에 뿌린 농약을 먹은 물고기를 다시 수달이 잡아먹
으면서 목숨을 잃기도 했다. 무엇보다도 큰 원인은 수달의 보금
자리가 사라진 것이다.

강가 습지와 모래밭

 하늘에서 떨어진 빗방울은 골짜기를 따라 흘러서 계곡물이
되고, 이 물은 다시 모이고 모여 제법 물살이 강한 냇물을 이룬
다. 냇물은 열심히 흘러 크고 작은 계곡에서 흘러온 지류를 만
나 점점 몸집을 키워 나간다. 이렇게 더 낮은 곳으로 흘러가면
다른 곳에서 흘러온 냇물과 어울려 드넓은 강물을 이룬다. 거
대한 물결을 이룬 강물은 이제 바다를 향해 속도를 높여 세차
게 흘러간다. 이처럼 땅 위를 넓고 길게 구불구불 흘러가는 큰
물줄기를 강이라고 한다.
 세계 4대 문명이 시작된 곳에는 모두 강이 있었고, 세계 유명
도시에도 어김없이 강이 흐르고 있다. 한반도에서 가장 긴 강
은 북한과 중국 사이를 흐르는 압록강(803킬로미터)이다. 남한에
서 가장 긴 강은 낙동강(510.3킬로미터)이고, 유역(流域, 강의 본류
와 지류를 포함하여 물이 모이는 모든 범위) 면적이 가장 넓은 강은

한강(481.7킬로미터)이다.

한때 사람들은 강 주변의 축축하고 질퍽한 땅, 작은 벌레와 곤충들이 어지럽게 날아다니는 습지를 지저분하고 오염된 곳이라고 여겼다. 그래서 개발하여 말끔한 공간으로 정비해야 한다고 생각했다. 그러나 습지는 그곳에 뿌리내린 식물과 물속 생명체들이 육지에서 만들어 낸 오염 물질을 머금었다가 분해하고 정화하여 깨끗한 물과 공기로 되돌려 주는 일을 한다. 강뿐 아니라 갯벌과 늪, 논과 둠벙, 연못과 호수의 가장자리 역시 자연 생태계에서 청소부 구실을 한다.

강은 넓고 깨끗한 모래밭도 만드는데, 이 모래밭 역시 오염된 물을 정화하는 일을 한다. 평야를 흐르던 강이 산을 만나면 부드러운 곡선을 이루는데, 이때 강의 안쪽에는 퇴적 작용이 활발하게 일어나 모래가 쌓이고, 강 바깥쪽은 점점 흙이 깎이면서 굴곡이 심해진다. 강은 물 흐름이 느려지는 중류 지역에 드넓은 모래톱을 만드는데, 이때 강바닥에선 물만 흐르는 것이 아니라 모래도 함께 흐른다. 이렇게 강물이 모래톱을 지나면서 오염 물질이 깨끗하게 걸러진다. 강물에서 자라는 수생식물도 육지에서 쓸려 내려온 오염 물질을 정화시켜 준다. 또 광합성 작용을 부지런히 하여 물속에 산소를 공급하는 역할도 한다.

강 양쪽에 길게 이어진 모래밭은 야생동물들의 놀이터이자 보금자리이다. 시베리아와 중국에서 머물다가 일본으로 날아가는 청둥오리, 흑두루미와 재두루미, 기러기, 큰고니 같은 철

새들이 머무는 중간 기착지이기도 하다. 이 새들은 우리나라로 날아와 잠시 쉬었다가 다시 먼 거리를 날아가는데, 강 주변의 모래밭을 이용한다. 고속도로 휴게소에서 쉬듯이 긴 여행을 하는 철새들이 물도 마시고 먹이도 보충하면서 잠시 쉬어 가는 것이다.

모래밭과 함께 어우러진 버드나무와 갈대숲 들은 물새들이 알을 낳고 새끼를 기르는 소중한 삶의 터전이다. 강에는 새들의 먹이인 물고기가 풍부하고, 갈대와 온갖 풀들이 무성하게 자라서 몸을 안전하게 숨길 수 있기 때문이다. 새들뿐 아니라 수달과 고라니, 너구리 같은 포유류들도 강에 찾아와 물을 마시고 물고기를 잡거나 풀숲에 숨어서 쉬기도 한다.

거대한 녹조라떼와 4대강 사업

백두대간 산줄기에서 발원한 강은 한반도 곳곳에 구불구불 길게 이어져 흐르고 있다. 그 가운데 대표적인 강은 한강, 낙동강, 금강, 영산강이다. 이명박 정부는 2008년부터 2012년까지 이 4대강을 살린다는 목표로 예산 22조 원을 들여 대하천 정비 사업을 벌였다.

이 사업은 강의 수심을 깊게 하기 위해 밑바닥의 모래를 파는 준설 공사를 하고 강물을 막는 거대한 보(洑, 하천에서 관개용

수를 수로에 끌어들이려고 수위를 높이는 역할을 하는 둑으로 된 수리 구조물)를 설치하여 하천의 저수량을 대폭 늘려서 하천 생태계를 복원한다는 것이 목표였다. 노후 제방의 보강, 중소 규모 댐과 홍수 조절지 건설, 하천 주변 자전거길 조성 사업도 동시에 진행했다. 이명박 정부는 이 사업이 완공되면 가뭄과 홍수의 피해를 막고 강물을 다양하게 이용할 수 있어 경제 성장에도 도움이 되리라 기대한다고 했다.

그러나 실상은 전혀 달랐다. 4대강 16곳에 만든 보는 거대한 물그릇이 되어 자연스럽게 흐르던 물길을 막아 버렸다. '고인 물은 썩는다'는 말처럼 물이 고이자 거대한 녹조가 생기면서 강물은 초록색으로 바뀌어 버렸다. 환경 단체에서는 이것을 '녹조라떼'라고 했다. 녹조는 강이나 호수에 녹조류(綠藻類) 또는 시아노박테리아 같은 식물 플랑크톤이 많이 번식하여 물이 짙은 녹색 빛깔을 띠게 되는 현상이다. 녹조는 부영양화(富營養化)된 호수에 흔히 나타난다. 식물 플랑크톤이 자랄 때 필요한 질소와 인 같은 영양분이 풍부하거나 오염 물질이 많은 상태를 부영양화라고 한다.

또 강바닥에서 파낸 모래를 건물 세우고 도로 닦는 데 쓰려고 거대한 중장비로 골재 채취 작업을 여러 번 진행했는데, 이때 수생식물과 야생동물의 보금자리가 크게 훼손되거나 아예 사라져 버렸다. 그러자 인근 도시에서 쏟아 낸 오폐수는 자연 정화되지 못한 채 그대로 흘러들어 강물은 시커멓게 변하고,

강바닥에는 두터운 오염 퇴적층이 쌓이기도 했다. 실지렁이, 붉은깔따구, 큰빗이끼벌레처럼 오염된 물에 사는 곤충들이 발견되어 사람들을 경악하게 만들기도 했다. 강물을 거슬러 오르던 물고기들도 더는 이동하지 못하게 되어 버렸고, 맑고 깨끗하던 강 생태계도 차츰 변해 갔다.

4대강 사업에 대한 논란이 여러 해 동안 계속되면서 녹조 현상이 심각해지자, 금강의 공주보와 백제보, 세종보는 수문을 열어 강물을 흐르게 했다. 그러자 다시 강물이 흐르고 모래톱이 쌓이면서 예전처럼 물이 맑아졌다. 4대강의 보는 가뭄과 홍수의 예방 효과가 없으니 철거하자는 주장과 그대로 두어야 한다는 주장이 여전히 팽팽히 맞서고 있고, 이것을 어떻게 해결할 것인지도 논의 중이다. 2021년 1월 대통령 직속 국가물관리위원회는 4대강 사업으로 건설한 금강의 보인 세종보는 해체하고, 공주보는 부분 해체, 백제보는 상시 개방하는 것으로 최종 확정했지만 그 시기를 결정하지 않아 논란은 여전히 이어지고 있다.

4대강 사업 이전에도 전국 곳곳에서 강의 양쪽 둔치를 정비하는 사업은 계속해 왔다. 강에는 강의 폭만큼이나 너른 둔치가 형성되어 있는데, 이 둔치를 정비하는 작업은 수십 년 동안 이루어졌다. 홍수 피해를 줄이기 위해 물길 양편에는 콘크리트 제방이나 돌을 쌓고 물길을 직선으로 만들기도 했다. 이런 하천 직강하 공사는 하천의 양쪽 가장자리를 콘크리트나 시멘트를 발라 옹벽을 설치하는 공사인데, 공사 과정에서 나무와 돌, 수초처럼 물 흐름에 지장이 되는 것은 모두 없애 버렸다. 오직 물이 빨리 흘러가게만 만드는 것이다. 도로와 주차장이 들어서면서 전원주택과 음식점, 펜션 같은 휴양 시설이 들어서서 오폐수를 배출하는 일도 잦았다.

이로 인해 피해를 보는 것은 동식물들이었다. 수달은 주로 냇가와 강을 따라 이동하면서 사는 습성이 있다. 그런데 강 정비 사업이 대대적으로 이루어지면서 냇가와 강 곁에 있던 둔치와 모래톱이 사라지고 무성하던 수풀도 점점 사라지자, 수달은 소중한 보금자리를 잃어버렸다. 일본에서는 하천 직강하 공사 때문에 결국 수달이 멸종되고 말았다.

자연의 질서를 따르는 법

한때 사람들은 수풀이 무성하게 우거진 강 둔치와 습지를 쓸모없는 땅이라고 생각했다. 이곳을 일구어 논밭으로 만들고 물길을 바꾸면서 도로를 닦고 건물을 세우기도 했다. 그러나 물은 반드시 제 길을 찾아간다. 큰비가 내리면 거대하게 불어난 강물은 논밭을 휩쓸고, 단단한 콘크리트 다리와 도로를 끊어놓고, 급기야 범람하여 주변 마을까지 덮쳐 버린다. 자연을 훼손한 결과는 해마다 참혹한 피해로 이어지고 있다.

습지는 물고기와 물새, 야생동물의 보금자리이고, 물을 머금었다가 맑은 지하수를 만들고 오염 물질을 걸러 주는 구실도 한다. 또 흙이 무너지고 깎이는 자연 침식을 막아 주고 홍수의 피해도 줄여 준다. 홍수 때 흘러드는 많은 물을 임시로 저장하고, 습지식물은 물 흐름을 느리게 하여 물이 하구로 흘러가는 시간을 늦춰 준다.

자연에는 오랜 세월 지구가 만들어 놓은 대자연의 질서가 있다. 이 질서에 따라서 밤낮이 있고, 사계절이 있고, 동식물이 자랐다가 소멸한다. 자연은 인간이 간섭하지 않고 그대로 두는 편이 낫다. 자연은 인간을 위해 존재하는 이용 대상이 아니다. 자연이 만들어 놓은 거대한 질서 속에 우리가 깃들어 살고 있을 뿐이다.

강에선 철새들이 지친 날개를 쉬어 가고, 수풀 한가운데에선 수달이 달콤한 잠에 빠져 든다. 하천 생태계에서 가장 꼭대기에 있는 포식자인 수달은 물이 깨끗해지고 물고기가 늘어나면 멸종 위기에서 벗어날 수 있다. 지금 우리가 강과 그 둘레에 있는 자연 습지를 어떻게 생각하고 얼마나 보전하느냐에 따라 이들의 미래는 달라질 것이다.

왜 그 도로를
건너려고 했을까?

빛나는 송곳니를 가진 고라니

"끼이익, 쿵!"

뭔가 둔탁한 물체가 우리가 탄 버스에 강하게 부딪혔다. 그 순간 버스가 급정거하는 바람에 사람들의 몸이 한꺼번에 휘청거렸다. 무슨 일이 벌어진 걸까? 모두 놀란 가슴을 쓸어내리며 창밖을 내다보았다. 몇몇은 재빨리 버스에서 내려 주위를 둘러보았다. 큰 나무들이 울창하게 자라는 숲길인데다 가로등 하나 없는 두메산골이라 주변은 칠흑같이 어두웠다. 그런데 가만히 살펴보니 도로 위에서 뭔가 꿈틀거렸다. 고라니가 누워서 숨을 헐떡이고 있었다. 우리가 탄 버스와 부딪쳐 교통사고가 난 모양이었다. 사고의 충격이 심했던지 고라니는 사람들이 가까이 다가가도 저항하거나 움직이질 못하고 거친 숨만 내쉬었다. 사람들은 서둘러 야생동물구조센터에 연락해 고라니가 무사히 치료받을 수 있게 도왔다. 고라니를 센터에 보낸 뒤 삼삼오오 모여 이야기를 나눴다. 과연 고라니가 살 수 있을까? 고라니는 왜 하필 이 위험한 도로에 나타났을까?

고라니는 온대기후인 우리나라 숲에서 가장 흔하게 볼 수 있는 포유동물이다. 고라니는 노루와 닮았지만 몸집이 작아서 '보노루' '복작노루'라고도 한다. 고라니는 노루, 사슴과 같은 사슴과로, 고라니와 노루를 쉽게 구별하려면 꼬리를 보면 된다. 고라니는 5~10센티미터 정도로 작은 꼬리가 있지만 노루 꼬리는 언뜻 찾기 어려울 정도로 짧다. 또 노루는 엉덩이에 흰 무늬가 선명하게 있다.

고라니는 입 밖으로 날카롭고도 삐죽하게 튀어나와 있는 송곳니를 가지고 있다는 점이 가장 특징적이다. 드라큘라처럼 입술 밖으로 튀어나온 송곳니 때문에 서양에서는 '흡혈귀 사슴'이라고도 하고, 중국에서는 '어금니 노루'라는 뜻으로 '아장(牙獐)'이라고 한다. 송곳니는 가을에 나기 시작하여 이듬해 봄까지 절반 정도 자라고, 생후 18개월에서 2년까지 계속 자란다. 수컷의 송곳니는 대개 4~5센티미터까지 자라는데, 7센티미터 이상 자라는 경우도 있다. 암컷의 송곳니는 0.5~0.8센티미터 정도로 작은데, 입술에 덮여 있어서 잘 보이지 않는다. 고라니는 먹이를 먹을 때 방해가 되지 않게 송곳니를 뒤로 젖히기도 하고, 싸울 때는 송곳니를 앞으로 당겨 상대를 위협하기도 한다. 또 이 송곳니로 가느다란 나무줄기를 긁어서 껍질을 벗겨 놓는데, 이곳은 내 구역이니 들어오지 말라고 영역을 표시하는 행동이다.

고라니는 물을 좋아하고 수영도 잘한다. 가까운 거리에 있는 섬은 수영을 해서 쉽게 건널 수 있다. 물가에서 할짝할짝 물 마시기를 좋아하고 갈대숲에 몸을 숨긴 채 조용히 쉬거나 새끼를 키우기도 한다. 갈대숲에는 보일 듯 말 듯 고라니가 다니는 작은 길이 나 있기도 하다. 그래서 영어권 나라에서는 고라니를 '물사슴(water deer)'이라고 한다. 중국에서 고라니를 처음 발견한 외국인들이 양쯔강 지역의 물가에 있는 고라니를 보고 붙인 이름이다.

고라니는 물가나 습지처럼 물이 있는 곳을 좋아하지만 주로 풀이 무성한 들판과 나무가 많은 산이 만나는 경계 지역에서 살고 있다. 어미 고라니는 풀숲이나 갈대밭, 억새밭처럼 몸을 안전하게 숨길 수 있는 곳에 새끼를 낳는다. 보통 4월 초에서 7월 초에 새끼를 낳는데 한꺼번에 서너 마리를 낳는다. 독특하게도 어미 고라니는 갓 낳은 새끼들을 한곳에서 같이 키우지 않고 일정한 거리를 두고 한 마리씩 따로 키운다. 이렇게 하면 새끼들이 외부에 노출될 위험이 줄어들어 더 안전하게 보호할 수 있고, 한꺼번에 포식자들에게 공격당하는 일도 막을 수 있기 때문이다.

한반도에는 제주도와 울릉도 같은 섬 지역을 제외하고 전국 곳곳에 고라니가 살고 있다. 하지만 고라니는 전 세계에서 멸종 위기종이다. 고라니가 토착종으로 살고 있는 나라는 우리나라와 중국뿐이다. 영국과 프랑스에도 일부 지역에 고라니가 살고 있지만 19세기 말부터 전시하고 사육하기 위해 중국고라니를 이주시킨 것이다. 중국고라니는 보호종으로 지정하여 특별 관리를 하고 있지만 한국고라니는 농작물이나 망치는 유해 야생 동물로 취급받는다.

중국고라니는 중국 중부와 동부 지역 넓은 곳에 많이 살고 있었는데, 무분별하게 밀렵하고 서식지가 점점 사라지면서 개체 수가 급격하게 줄어들었다. 지금은 양쯔강 남부를 포함한 일부 지역에만 살고 있고 개체 수가 많지 않아 보호를 받고 있다. 고라니 복원 사업을 벌이고 있는 나라도 있다.

아무 의미 없는 죽음

충남야생동물구조센터는 다치거나 병든 야생동물을 구조하고 치료하는 전문 의료 기관인데, 이곳에서 한 해 동안 구조한 포유동물 가운데 가장 많은 동물이 바로 고라니이다. 2019년에 구조한 1781개체 가운데 고라니가 393마리였다. 고라니들은 차량에 충돌하거나, 미아가 되거나, 그물과 펜스에 얽히거나, 개

에게 공격받거나, 인공 구조물에 침입하여 고립되거나, 추락과 총상, 예초기 사고 같은 이유로 부상을 당한다. 2018년에 충남 야생동물구조센터에서 구조한 포유동물 1292개체 가운데 고라니가 306마리였고, 이 가운데 193마리가 차에 부딪혀 센터에 왔다.

고라니는 차량과 충돌하면 치명적인 부상을 입기 때문에 사람들에게 구조되더라도 다시 건강해져서 방생되는 비율은 20퍼센트가량밖에 되지 않는다. 치료하기 어려울 만큼 심각하게 부상당했거나 치료가 가능해도 자연으로 돌아가지 못하는 경우엔 안락사를 시키고, 구조하고 이송하는 동안 폐사하는 경우도 종종 있다.

이처럼 야생동물이 도로를 건너다가 자동차에 치어 목숨을 잃는 것을 로드킬이라고 한다. 숲에 사는 동물들이 왜 도로까지 내려와서 사고를 당할까? 동물들은 먹이를 구하고 물을 마시기 위해 날마다 열심히 돌아다닌다. 또 편안하고 안전한 잠자리를 찾고 다른 암컷이나 수컷을 만나 짝짓기를 하고 새끼를 키우기 위해서도 돌아다녀야 한다. 고라니의 행동권은 평균 2.77제곱킬로미터이다. 고라니는 계절과 시간에 따라 행동하는 범위가 달라지는데, 여름에 봄과 가을보다 넓고, 낮보다는 밤이 더 넓다.

행동권이란 야생동물이 잠을 자는 잠자리와 동물이 먹이를 구하는 곳, 짝짓기하고 새끼를 돌보는 장소를 아우르는 개념이다. 또 다른 짐승에게 공격받아서 도망가야 하는 피난처, 추운 겨울을 나는 월동 장소 같은 생활에 필요한 모든 서식 영역을 포함한다.

야생동물에게는 세력권도 중요하다. 세력권이란 한 동물이 생활하는 데 필요한 일정한 넓이의 공간을 다른 짐승과 공유하지 않고 혼자 독점적으로 이용하는 공간을 의미한다. 이렇게 한 동물이 살아가려면 일정 넓이의 안전하고 먹을거리가 풍부한 공간이 필요하다. 그런데 우리 땅에서 야생동물들이 편안하게 살아가기에 어려움이 많다.

남한의 국토 면적은 10만 295제곱킬로미터이다. 도로 길이는 10만 7527킬로미터이고 도로 밀도는 1제곱킬로미터당 1072킬로미터이다. 우리나라 어디를 가든 평균 1킬로미터를 지날 때마다 도로를 하나씩 만난다는 뜻이다. 우리나라에 많이 살고 있는 너구리의 행동권은 약 1제곱킬로미터고, 삵은 약 3~5제곱킬로미터, 담비는 약 20~60제곱킬로미터에 이른다. 대개 야생동물들의 생활 반경에 도로가 거의 포함될 수밖에 없는 실정이다. 행동권이 큰 육식동물은 그들의 활동 영역 안에 이보다 더 많은 도로가 있을 수밖에 없다.

사람이든 동물이든 도로를 건너야만 목적지에 다다를 수 있다. 사람에게 2차선 도로는 좌우를 살핀 뒤 잠깐 걸으면 되는 짧은 거리이지만 몸집이 작은 동물에게는 까마득한 거리이다. 특히 바닥을 기어 다니는 양서류와 파충류에게 더욱 그렇다.

몸집이 작고 속도가 느린 만큼 도로에 머무는 시간이 길기 때문에 교통사고를 당할 확률도 높다.

개구리와 두꺼비 같은 양서류는 개울이나 웅덩이 같은 습지에서 살다가 겨울잠을 자기 위해 뭍으로 올라오다 도로 위에서 죽기도 하고, 봄이 되어 다시 개울로 내려가다 떼죽음을 당하기도 한다. 가을이 깊어 가는 쌀쌀한 날이 되면 뱀은 체온을 유지하기 위해 한낮의 열기를 품고 있는 도로 위에 올라왔다가 수십 마리가 한꺼번에 죽기도 한다. 비 온 뒤 도로에서 두꺼비 100여 마리가 한꺼번에 죽기도 하는데, 두꺼비는 3월 겨울잠에서 깨어났을 때와 6월 알을 낳기 위해 이동하다가 사고를 많이 당한다.

고라니나 너구리, 삵처럼 행동이 빠른 야생동물에게도 도로가 위험하긴 마찬가지다. 중앙 분리대가 있는 도로로 잘못 들어서면 뛰어넘을 수도 없고 밑으로 기어 나갈 수도 없어 순간 당황하다가 사고를 당한다. 대부분 야생동물이 야행성인데, 어둠에 익숙해 있던 동물 눈에 갑자기 강한 자동차 전조등이 비추면 순간적으로 시력을 잃고 만다. 야행성 동물의 눈에는 밤에도 잘 볼 수 있도록 눈에 휘판(輝板)이라는 반사판이 발달되어 있는데, 강한 불빛을 비추면 일시적으로 눈이 머는 것이다. 그때 동물들은 무슨 일이 일어난 것인지 상황을 파악하기 위해 잠시 멈춰서 주춤하고, 재빨리 피할 수 없게 된다. 그사이 달리는 자동차는 속도를 늦추지 못하고 도로 위에 멈춰 선 동물을 치게 되는 것이다.

위험은 곳곳에 도사리고 있다. 무사히 도로를 건넜다고 해도 도로 옆 산기슭에 있는 높은 콘크리트 옹벽 때문에 산으로 올라가지 못하기도 한다. 논에 물을 대기 위해 만든 수로는 개구리나 뱀처럼 몸집이 작은 동물에게는 너무 높아서 넘을 수 없는 까마득한 장벽이다.

하늘을 자유롭게 날아다니는 새들도 교통사고를 당한다. 폭이 좁은 2차선 도로 양옆 우거진 덤불과 덤불 사이를 낮게 날다가 속도를 내며 달려가는 차에 부딪히는 것이다. 새들은 7월에 사고가 많이 나는데, 이때는 알에서 깨어난 지 얼마 되지 않아 아직 잘 날지 못하는 어린 새들이 많다. 특히 땅 위를 걷다가 나는 습성이 있는 어린 꿩의 피해가 크다.

운전하는 사람에게도 로드킬은 매우 위험하다. 고라니와 멧돼지 같은 덩치 큰 동물이 차와 부딪치거나 짐승을 피하기 위해 갑자기 차선을 바꾸다가 다른 차와 부딪쳐 큰 사고가 나기도 한다.

"도로 위에서 죽은 동물은 비참해요. 산이나 들판에서 죽으면 다른 동물의 먹이가 되고 미생물이 분해하지만, 도로 위에서 사고가 나면 걸레 조각처럼 되어 버려요. 그리고 누군가 치워 주지 않으면 차 바퀴에 수없이 깔려 가루가 되고, 결국 먼지가 되어 날아가 버려요. 아무 의미 없는 죽음이죠."

우리나라 로드킬 실태에 대해 처음 조사했던 야생동물 전문가의 말이다. 사람이 좀 더 빨리 가려고 만든 길이 동물에게는 목숨 걸고 건너야 하는 공포의 길이 되었다.

야생동물을 위한 진정한 배려

그 길은 본래 야생동물의 것이었다. 동물들이 오랜 세월 동안 다니던 익숙한 길을 사람들이 어느 날 예고도 없이, 배려도 없이 점령해 버렸다. 산과 산 사이에 도로가 뚫리면 이 산과 저 산을 넘나들며 살던 동물들은 서식지가 조각나 산 하나에 갇혀서 가까운 친척끼리 짝짓기를 할 수밖에 없다. 근친교배로 점점 튼튼하지 못한 새끼들이 태어나고, 사람들이 일부러 밀렵하지 않아도 멸종시키는 꼴이 되고 만다.

고속도로와 일반 국도, 지방도, 군도, 마을 길까지 수많은 도로가 거미줄처럼 촘촘하게 얽혀 있지만, 또다시 새로운 도로를 닦고 떠들썩하게 개통식을 연다. 구불구불한 도로를 직선으로 곧게 닦기도 하고 차선을 늘리는 확장 공사도 한다. 새 도로가 생기면 우리 생활이 더 윤택해지고 지역이 발전하리라 기대한다. 선거 공약에는 새 도로를 건설하겠다는 계획이 들어 있고 사람들은 그 후보에게 표를 던진다. 고속도로가 개통되면 너도나도 차를 몰고 달려간다. 과연 그 길은 꼭 필요할까? 지금 이어져 있는 이 많은 길로는 만족할 수 없을까? 새로운 길을 만들 때 본래 그 지역에 살고 있는 야생동물을 생각해 보기는 한 걸까?

들판을 뛰노는 야생동물도 우리와 같은 공기를 마시고, 따뜻한 심장을 가졌다. 동물들도 우리처럼 해와 달을 좋아하고, 계절과 바람을 느끼고, 물의 시원함을 안다. 동물들에게 행복한 세상이 바로 사람에게도 행복한 곳이다.

1. 도로에서 '야생동물 주의'라는 안내 표시판이 보이면 속도를 늦추고 안전거리를 확보한다. 로드킬은 운전자의 안전도 위협한다.

2. 비포장 길에 함부로 차를 몰고 들어가지 않는다. 비포장 길을 무리하게 다니다 보면 바퀴가 빠져 운전자도 위험할 수 있고, 야생동물의 보금자리도 위협할 수 있다.

3. 야생동물 이동 통로나 도로 옆 유도 울타리를 지나다니지 않는다. 사람이 다니면 동물은 멀리 도망간다.

4. 다친 동물을 발견하면 해당 지역 야생동물구조센터나 한국도로공사(1588-2504), 지역 콜센터(지역 번호+120)로 신고한다.

5. 동물을 발견했을 때 사람의 도움이 필요한 상황이 아니라면 그대로 둔다. 특히 혼자 있는 어린 새끼를 함부로 데려오면 어미와 생이별하게 된다. 어디선가 어미가 안타깝게 지켜보고 있을 수도 있다.

6. 다친 고라니나 노루 같은 동물은 사람이 다가가면 발길질하며 공격할 수 있다. 동물의 발톱, 이빨, 부리에 다칠 수 있으니 함부로 건드리지 않는다.

7. 도로 위에서 죽은 동물은 자연의 품으로 돌아갈 수 있도록 풀숲으로 옮긴다. 이때 기생충이나 병균이 옮을 수 있으니 반드시 장

갑을 끼거나 나뭇가지 같은 도구를 이용해야 한다.

8. 야생동물이 사는 곳에 큰 개를 데려가지 않는다. 큰 개가 야생동물을 위협할 수도 있다.

9. 반려동물을 버리지 않는다. 유기견과 길고양이는 작은 동물을 공격하는 일이 잦다.

10. 새 도로를 건설하겠다는 선거 공약이나 지방자치단체의 정책을 꼼꼼히 들여다본다. 지역을 위해 꼭 필요한 것인지, 통행량도 많지 않은 곳에 무리하게 산을 깎아 길을 만드는 것은 아닌지 살펴본다.

4부 우리가 알아야 할
녹색 이야기

생수
전성시대

공짜로 마실 수 있던 물

우리 집 앞 미나리꽝을 지나 모퉁이를 돌면 샘집이 있었다. 그 집에는 언제나 맑고 찬물이 퐁퐁 솟아오르는 샘이 있었다. 옹달샘 안에는 푸릇푸릇한 이끼가 끼어 있고 송사리도 몇 마리 살고 있었다. 골목에서 뛰어놀다 더위에 지치면 친구들과 함께 그 샘으로 달려가 시원한 물을 벌컥벌컥 들이켰다. 마을 아낙네들은 샘 둘레에 모여 쌀을 씻고 야채를 씻으며 사는 이야기를 나누었다. 우리 마을 사람들은 모두 그 샘을 좋아했고, 샘은 사람들에게 언제라도 맑고 시원한 물을 내어주었다.

샘을 이용할 때는 반드시 지켜야 하는 규칙이 있었다. 샘물로는 얼굴이나 발을 씻어서는 안 되고 빨래를 하거나 비누를 써도 안 되었다. 시원한 등목도 할 수 없었다. 동네 사람들이 함께 마시는 물이기 때문이다. 흙 묻은 발을 씻거나 빨래를 할 때는 옆 냇가로 가야 했다.

샘을 관리하는 사람도 있었다. 개구쟁이 녀석들이 장난치거나 물을 더럽히면 샘집 할배가 호통을 쳤다. 샘집에 사는 할아버지와 할머니는 늘 샘을 말끔하게 청소하고 관리했다. 이렇게 우리 마을에서는 마실 물과 씻는 물을 엄격하게 구별했다.

마을 곳곳에는 깊은 우물도 여러 개 있었고, 펌프 샘이 있는 집도 더러 있었다. 우물에서는 줄을 길게 매달은 두레박으로 일일이 물을 퍼 올려야 했고, 펌프 샘에서는 마중물을 부은 뒤 팔이 아프도록 펌프질을 해야 물을 길어 올릴 수 있다. 그래서 큰 수고를 들이지 않아도 퐁퐁 솟아나는 샘물을 나는 더 좋아했다.

이 샘은 정전이 되었을 때 비로소 제 가치를 발휘했다. 수돗물은 전기모터를 이용해서 지하수를 끌어올리는 방식이라 전기가 나가면 물이 나오지 않았다. 해는 저물어 어두운데 날은 덥고 물마저 나오지 않으면 답답하기 이를 데 없었다. 그러면 온 가족이 양손에 물통을 들고 샘집으로 출동했다. 빗물이나 흙탕물이 흘러들어도 금세 오염된 물을 밀어내고 다시 맑은 물이 고였다.

샘이든 우물이든 펌프 샘이든, 그 시절 물은 공짜로 마실 수 있었다. 그 무렵 우리는 물을 돈 주고 사 먹는다는 것은 상상조차 하지 못했다. 자연이 주는 선물 같은 그 고마움을 그때는 미처 다 알지 못했다. 이제 강이나 냇물, 도시와 마을에서 흐르는 물은 거의 오염되었다. 수돗물도 안심할 수 없게 되자 사람들은 생수를 사서 마시기 시작했다. 이제는 공원으로 나들이 가는 가족, 거리를 걷는 사람들의 손에는 생수병이 하나씩 들려 있다. 장을 볼 때 생수병 묶음을 사는 것도 낯설지 않고, 생수병 묶음이 배달되어 현관문 앞에 쌓여 있는 풍경도 익숙해졌다. 그런데 우리가 사 먹는 생수는 어디에서 온 걸까?

생수는 어디에서 왔을까?

아름다운 섬 제주도에는 곶자왈이 있다. 곶자왈은 고유 제주어로, 숲을 뜻하는 '곶'과 덤불을 뜻하는 '자왈'이 합쳐져 만들어진 말이다. 곶자왈은 화산이 터질 때 흘러나온 점성이 높은 용암이 크고 작은 바위 덩어리로 쪼개지면서 만들어 낸 울퉁불퉁한 요철(凹凸) 지형을 가리킨다. 이곳은 용암이 식은 뒤 오랜 세월이 흘러 나무와 덩굴식물, 돌이 뒤섞여 아주 독특한 풍경을 빚어내고 있다. 예전 사람들은 이곳은 돌무더기로 인해 농사를 짓지 못하고, 방목지로 이용하는 정도로밖에 쓸 수 없어 쓸모없는 땅이라고 여겼다.

이 곶자왈에는 열대 북방한계 식물과 한대 남방한계 식물이 공존하고 있는데, 세계 어느 곳에서도 찾아볼 수 없는 제주도만의 독특한 생태계다. 한라산과 중산간 지대를 거쳐 해안선까지 드넓게 펼쳐지면서 독특한 동식물들의 보금자리가 되고 있다. 제주고사리삼, 창일엽, 제주암고사리, 개가시나무, 천량금, 붓순나무, 개톱날고사리 같은 희귀 보호 식물이 자라고 있어 자연이 만든 자연사박물관 같다.

곶자왈이 더 소중한 이유는 바로 물 때문이다. 제주도에는 강이 없어 물이 귀하다. 제주도 사람들은 연못의 물은 물론, 나무에서 흘러내리는 물을 모아서 먹기도 했고, 물장사 물을 사 먹기도 했다. 한라산과 오름에 떨어진 빗물은 계곡을 따라 흘러 곧장 바다로 간다. 그런데 곶자왈 같은 현무암 지대에 내린 빗물은 땅속으로 스며들었다가 해안가에서 용천수로 다시 솟아났다. 곶자왈에는 울퉁불퉁한 빈틈이 많아 빗물의 80퍼센트가 땅속으로 스며들고, 지하수로 저장된다. 제주의 마을이 해안가에 자리 잡은 까닭 역시 이 용천수 때문이다. 이처럼 제주 사람들에게 곶자왈은 생명수를 얻는 소중한 곳이다.

지금 제주도에서는 우리나라에서 가장 많이 팔리는 생수를 생산하고 있다. 생수를 찾는 사람이 늘고 생수 시장이 커지면서 곶자왈이 만들어 내는 이 물에 대한 수요가 훨씬 커졌다.

제주도뿐만 아니라 전국에 물맛 좋기로 유명한 곳에는 어김없이 생수 공장들이 들어서 있고, 맑고 깨끗한 물을 퍼 올리고 있다. 그런데 생수 공장에서 물을 계속 퍼 올려도 괜찮은 걸까? 그 땅에선 무슨 일이 벌어지고 있을까?

2017년 봄 가뭄이 들자 경기도 가평군 조종면을 흐르는 조종천이 말라 버렸다. 조종천에 물이 시원하게 흘러야 인근 마을의 펜션과 관광 시설에 손님들이 찾아오는데, 물이 말라 버리자 주민들은 시름에 잠겼다. 주민들은 가뭄뿐 아니라 조종천 상류에서 20년째 생수 공장에서 지하수를 퍼 올리는 것도 원인이라고 주장했다.

2018년 전북 순창군 쌍치면에는 생수 공장이 들어서고 하루 수백 톤의 물을 뽑아 올려 지하수에 의존하던 인근 마을 물이 말라 버렸다. 오미자와 블루베리를 키우던 밭에 물을 대지 못하자 작물이 시들어 버렸다.

경북 상주시 화북면 용유리에 있던 습지는 인근 생수 공장에서 수백 톤의 물을 퍼 올리기 시작한 이후 밭으로 변해 버렸다. 늘 물이 고여 있고 붕어 같은 물고기가 살던 연못 역시 말라 버렸고, 마을 앞을 흐르던 용유천 역시 말라 버렸다. 인근 마을 상오리에서는 샘이 말랐고 상수도 물이 부족해지자 그나마 남아 있던 물마저 오염되어 버렸다.

우리나라 농촌 마을은 대부분 땅속에 관정을 뚫고 지하수를 퍼 올려서 마을 공동 식수로도 쓰고, 농업용수로도 쓰고 있다. 지하수는 땅속에서 서로 연결되어 있는데 생수 공장에서 대형 관정을 더 깊이 뚫어 많은 지하수를 퍼 올리면 그 일대의 얕은 지하수는 깊은 쪽으로 빨려 들어가고, 결국 마을 사람들이

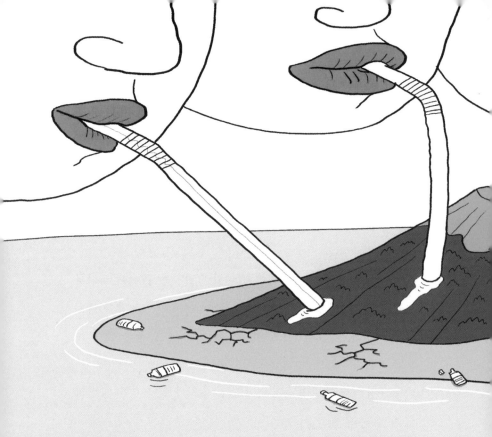

이용하던 관정은 수압이 떨어져 물이 나오지 않게 된다. 대개 농촌 마을의 식수나 농업용수는 관정을 100미터 미만으로 얕게 설치하여 지하수를 끌어 쓰지만, 생수 공장은 150미터에서 400미터 이상까지 매우 깊게 뚫기 때문이다.

생수, 정말 깨끗할까?

우리나라에서 처음 생수를 판매한 것은 1988년 서울올림

픽 때였다. 외국 선수들이 우리나라의 물을 꺼릴 수 있다고 하여 생수 판매를 잠깐 허용했다. 그러나 올림픽이 끝난 뒤 법률이 폐지되었다가 1995년 '먹는물관리법'이 제정되면서 다시 생수가 등장했다. 2014년 우리나라 생수 시장 규모는 6040억 원이었는데, 2018년 1조 1500억 원까지 급성장했고, 2023년에는 2조 원이 넘을 것으로 전망하고 있다.

전국에 생수를 퍼 올리는 수원지는 67곳(2019년 기준)이고, 생수 브랜드는 300여 개이다. 한 생수 공장에서 여러 브랜드의 물을 생산하기도 하고, 10곳 이상 다른 수원지에서 나온 물을 같은 상표로 판매하기도 한다. 온라인 시장도 급성장하여 생수만 배달하는 택배 회사까지 생겼다.

외국산 생수도 쉽게 살 수 있다. 알프스 만년설 빙하를 녹여 만든 빙하수, 휴화산 청정 계곡의 미네랄워터, 태평양 한가운데 피지섬, 알래스카 물, 해양 심층수처럼 저마다 청정 지역에서 나온 영양가 많은 물이라고 홍보한다. 그런데 생수는 정말 안전하고 몸에 더 좋을까?

2018년 판매되고 있는 생수에서 브롬산염이 검출되어 제품을 리콜하는 일이 벌어졌다. 브롬산염은 생수를 오존 살균 처리하는 과정에서 만들어지는 것으로 알려진 발암 물질이다. 이처럼 생수에서 브롬산염이 기준치보다 높게 나와서 문제가 되는 일이 종종 일어나고 있고, 일부 생수에서는 아주 작은 크기의 미세플라스틱이 나오기도 했다.

유엔식량농업기구(FAO)는 물이 가진 영양소 측면에서도 생수가 수돗물보다 나을 것이 없다고 한다. 생수에는 적은 양의 미네랄이 들어 있지만 세계 여러 지역의 수돗물 역시 그 정도는 함유하고 있다는 것이다. 수입 생수는 국산보다 2배에서 10배까지 비싸지만, 국내산이든 수입산이든 수질 차이는 별로 없고 우리나라 생수도 수돗물과 다르지 않다.

생수를 담는 용기도 잘 살펴볼 필요가 있다. 생수병으로 쓰는 페트(PET)는 원재료를 석유에서 뽑아낸다. 페트는 유리처럼 투명하고 강도도 높고 단열성까지 좋아서 영하 160도까지 견

딜 수 있다. 무겁고 깨지기 쉬운 유리나 한 번 따면 모두 마셔야 하는 알루미늄 캔보다 쓰기 편해서 많이 사용한다. 그러나 생수 생산량이 급증하면서 페트병 쓰레기도 기하급수적으로 늘고 있지만 재활용률은 매우 낮다. 대부분 쓰고 나면 곧바로 버려져서 쓰레기가 되고, 함부로 버려진 페트병은 냇물이나 강물을 타고 바다까지 흘러간다.

우리나라 생수 시장에서 가장 많이 팔리는 생수는 제주도와 백두산에서 생산한 물이다. 이처럼 멀리에서 생산한 물을 수원지에서부터 소비자들이 있는 도시까지 운반하는 데 에너지를 많이 쓴다. 페트병을 태우면 유독 물질이 나오고 땅에 묻으면 분해되기까지 매우 오랜 시간이 걸린다. 따라서 멀리서 온 물보다는 우리 집에서 시원하게 쏟아지는 수돗물을 마시는 편이 낫다. 물 상태가 걱정된다면 끓여 먹거나 정수기를 이용하고 낡은 수도관을 교체하는 노력을 하는 것이 더 현명하다.

2009년 호주의 한 작은 마을인 분다눈에서는 시민들과 상점들이 만장일치로 생수 판매를 금지했다. 이들은 페트병 쓰레기를 줄이기 위해 물병을 가지고 다니면서 시내 곳곳에 설치된 급수대에서 수돗물을 받아마시는 '수돗물 마시기 캠페인'을 벌였다. 2014년 미국 샌프란시스코에서도 학교와 시 공유지와 건물에서 생수 판매를 법으로 금지했다. 미국에서 1년 동안 플라스틱 생수병을 사용하는 데 드는 석유가 1700만 배럴인데, 이것은 자동차 130만 대가 1년 동안 사용하는 기름의 양과 맞먹는다. 생수병에 든 물을 마시는 것이 수돗물을 마시는 것보다 에너지를 2000배나 더 쓴다고 한다. 한편 서울시도 병물 아리수를 재난·구호용으로만 생산하고, 행사장 같은 곳에서는 이동식 음수대와 대형 물통을 두어 페트병 같은 일회용품을 줄이는 정책을 시행하고 있다.

물은 공공 자산이다

2019년 8월 인도네시아 대통령은 수도를 자카르타에서 보르네오섬 칼리만탄으로 이전하겠다고 발표했다. 1만 7000여 개의 섬으로 이루어진 인도네시아는 동서로 5000킬로미터에 걸쳐 길게 섬이 늘어서 있는데, 자카르타가 있는 자바섬에 인구의 57퍼센트가 몰려 있어 경제력이 너무 집중되어 있고, 도시 과밀로 인한 환경 문제도 심각하다.

수도 이전을 고민하게 된 것은 자카르타가 세계에서 가장 빠른 속도로 가라앉고 있기 때문이다. 무분별하게 지하수를 개발하고 고층 건물이 늘어나면서 지반이 해마다 평균 7.5센티미터씩 내려앉고 있다. 도시 면적의 40퍼센트가 해수면보다 낮아졌고, 1970년 이후 4미터나 내려앉은 지역도 있다. 지하수를 너무 많이 뽑아 올리는 바람에 땅 위를 흐르는 지표수 대부분이 오염되었으며, 폐수도 겨우 4퍼센트만 처리할 수 있을 뿐이다.

미국 텍사스주 휴스턴도 지반이 침하되고 있다. 휴스턴 역시 지하수를 많이 뽑아 올리는 바람에 수십 년째 지반이 내려앉고 있다. 미국지질조사국(USGS) 자료를 보면 휴스턴이 포함된 해리스 카운티의 일부 지역이 1920년대 이후 약 3~3.6미터가량 내려앉았다고 한다. 1975년 지역 국회의원들이 지하수 유출을 규제하자고 했지만, 수도 공급업자들이 이에 반발하며 지하수를 계속 퍼내면서 상황이 더욱 심각해졌다. 중국 베이징 시민들도 지하수에 의존하고 있는데, 지하수가 줄어들면서 일부 지역의 지반이 매년 약 10센티미터씩 내려앉고 있다.

지구에 있는 모든 물은 개인의 소유가 아니라 사람과 동물, 식물, 모든 생명체가 함께 쓰는 공공의 자산이다. 우리 집 앞에 흐른다고 물을 막아서 혼자 쓰거나 함부로 오염시켜서도 안 된다. 깊은 땅 밑의 수맥은 정확히 측정할 수 없고, 땅속에 있는 물을 많이 퍼 올리면 그 속에서 어떤 일이 생길지 예측하기도 어렵다.

제주도 해안가에서 솟아나는 용천수의 나이를 조사해 보니 30년이었다고 한다. 30년 전에 내린 비가 지하수가 되었다가 천천히 솟아나는 것이다. 제주 조천읍의 지하수 연령은 18년이라고 한다. 이처럼 오랜 시간 동안 천천히 만들어진 맑은 물을 우리는 얼마나 소중하게 쓰고 있을까?

오염되지 않은 청정 지역에서 솟은 물, 깊은 땅속에 있는 물을 욕심낼 것이 아니라 땅 위를 흐르는 물, 우리 눈앞에 흐르고 있는 이 물을 어떻게 살릴 것인가를 고민해야 한다. 갈증이 날 때마다 벌컥벌컥 마실 수 있었던 물, 누구의 소유도 아니고 공짜로 시원하게 들이킬 수 있었던 예전의 그 맑은 물을 되살리는 방법을 함께 찾아야 한다.

태초에 쓰레기는 없었다

시골 마을의 괜찮은 재활용 시스템

"찰찰찰."

저 멀리 큰길에서 반갑고도 익숙한 소리가 들렸다. 그 소리는 참 독특했다. 머리카락을 자르는 미용 가위, 색종이를 자르는 문구용 가위, 음식을 자르는 주방 가위……. 세상에는 다양한 가위가 있지만 그 가위 소리는 유별났다. 보통 가위들은 '툭툭' 끊어지거나 '사각사각' 하는 쇳소리를 낼 뿐이지만 넓적하고도 네모진 그 가위는 멀리서도 단번에 알아들을 수 있는 카랑카랑하고도 경쾌한 소리를 냈다.

"와, 엿장수다!"

한 손으로는 가위질을 하고 한 손으로는 손수레를 끌며 마을 어귀로 들어선 엿장수 아저씨는 감나무 그늘이 짙은 골목길 담벼락에 손수레를 세웠다. 엿장수 아저씨의 가위는 악기였다. 그 소리를 듣고 몰려든 코흘리개 꼬맹이들이 어느새 손수레를 에워쌌다. 아이들은 손수레 좌판에 놓인 엿을 바라보며 군침을 흘렸다. 둥글넓적한 판때기 엿이 있고, 손가락 두 마디 정도로 적당히 자른 가락엿도 있었다. 그러나 이것은 아직 그림의 떡! 달콤한 엿을 공짜로 맛볼 순 없었다. 집에 있는 고물을 가져오면 엿장수 아저씨는 무슨 고물인지 보고 엿을 적당히 떼어 주었다.

나도 엿장수 아저씨를 기다렸다. 아저씨가 오면 창고 옆, 마루 밑, 장독대 주변까지 샅샅이 뒤져서 집에 있던 고물이란 고물은 모두 들고 달려갔다. 달콤한 엿을 맛볼 생각에 마음이 급했다. 빈 병, 고무신과 장화, 무쇠솥, 고장 난 라디오, 낡은 자전거, 화로, 쟁기보습, 부러진 호미와 낫, 비닐 포대……. 집에 쌓여 있던 고물을 챙겨 아저씨에게 달려갔다.

엿장수 아저씨가 마을에 오는 날은 아이들이 특별한 간식을 맛보는 날이지만 집집마다 쓰임새가 없어 구석에 쌓아 두었던 고물을 몽땅 처리하는 날이기도 했다. 집에서는 쓰레기를 처리하니 좋고, 엿장수는 재활용 쓰레기를 모을 수 있으니 서로가 남는 장사였다. 아저씨가 제일 반겼던 고물은 재활용 가치가 높은 쇠붙이였다.

고물을 가져가서 "많이 주세요" 하고 잔뜩 기대하면서 이렇게 조르면, 아저씨는 "엿장수 마음이야" 하고 답했다. 그리곤 엿판 위에 끌을 대고 가위로 톡톡 쳐서 판때기 엿을 잘라 주었다. 엿 크기는 말 그대로 엿장수 마음이었다. 더운 여름날, 그 엿을 받아들면 금세 진득진득해져서 손을 타고 녹아 내렸다.

"아저씨, 저도 엿 먹고 싶어요."

"이 녀석아, 고물을 들고 와야 엿을 주지."

아저씨 말이 떨어지기가 무섭게 집으로 달려간 한 꼬맹이가 댓돌에 놓인 할머니의 뽀얀 고무신을 들고 와 내밀었다.

"아이고, 멀쩡한 걸 들고 오면 어쩌노? 고물을 들고 와야지."

시골 마을의 형편을 잘 아는 아저씨는 아이들이 들고 온 물건을 무조건 받지는 않았다. 철부지 꼬마들이 아직 쓸 만한 물건을 가지고 오면 아저씨는 작은 엿을 쥐여 주며 아이를 되돌려 보냈다. 저만치 골목길에선 사라진 고무신을 찾아 꼬맹이네 할머니가 지팡이를 짚고 허둥지둥 나오고 계셨다.

엿장수 아저씨는 이렇게 농촌 마을을 돌면서 고물을 모아 고물상에다 넘겼다. 고물상은 고물을 종류별로, 쓰임새대로 나누어서 재활용했다. 그 옛날 쓰레기를 분리수거 하지 않고, 따로 처리해 주는 곳도 없었던 시골 마을에서는 엿장수와 고물상이 아주 중요한 몫을 담당했다. 모두가 가난하고 무엇이든 부족해서 알뜰하고 절약할 수밖에 없었던 시절에는 이런 괜찮은 재활용 방법이 있었다.

엿장수는 1980년대 이후 점점 사라졌다. 고물을 모아서 엿으

로 바꾸지 않아도 될 만큼 농촌 마을의 형편이 나아졌고 고물
값도 떨어졌기 때문이다.

쓰레기가 삼켜 버린 섬, 난지도

서울시 마포구 상암동에 있는 난지도는 한강에서 갈라진 난
지 샛강이 행주산성 쪽으로 에돌면서 만든 작은 섬이었다. 난
지도는 난초와 지초가 많이 핀다고 해서 붙은 이름이다. 한강
하류에 삼각주를 이룬 이 작은 섬에는 다양한 동물과 식물이
어울려 살았고, 고니와 흰뺨검둥오리 같은 철새 수십만 마리가
겨울을 나기 위해 한강으로 날아들 때 이 난지도에서부터 내려
앉으며 장관을 연출하기도 했다. 기장과 조가 잘 자라서 조선시
대에는 물위치(지금 수색의 옛 이름) 사람들이 배를 타고 드나들
면서 농사를 짓기도 했다.

조선시대 대동여지도를 그린 김정호 선생이 남긴 서울의 옛
지도인 경조오부도(京兆五部圖)와 수선전도(首線全圖)에는 난지도
를 꽃이 피어 있는 섬이라는 뜻에서 중초도(中草圖)라고 기록해
두었다. 옛사람들은 난지도가 오리가 물에 떠 있는 모습과 닮
았다고 하여 오리섬 또는 압도(鴨島)라고도 했고, 모래내와 홍제
천, 불광천이 만나는 넓은 저지대에 한강 폭이 호수처럼 넓어진
다고 해서 서호(西湖)라고 하기도 했다. 이처럼 난지도는 옛 이

름만 살펴보아도 계절마다 아름다운 꽃이 피고 자연 생태계가 살아 있었던 곳이라는 걸 알 수 있다.

그런데 어느 날 이 아름다운 섬에 산이 솟아오르기 시작했다. 그 산은 생명들을 품어 주는 산이 아닌 고약한 냄새를 풍기는 쓰레기 더미였다. 1978년 3월 난지도가 서울 사람들이 만들어 내는 쓰레기를 처리하는 매립지로 결정되었기 때문이다. 1960년대 이전까지 서울에는 폐기물 처분장이 따로 없었다. 아궁이에 군불을 지피던 시절 사람들은 아궁이나 동네 쓰레기장에서 쓰레기를 태우고, 건물을 짓기 위해 땅을 다지는 곳에 쓰레기를 묻었다.

쓰레기가 점점 늘어나자 서울시에서는 1964년부터 1977년까지 방배동, 압구정동, 송정동, 잠실동, 장안동, 상계동에 매립지를 마련하여 쓰레기를 묻기 시작했다. 쓰레기가 어느 정도 차오르면 흙을 두껍게 덮고 땅을 다진 뒤 그 위에 건물을 세웠다. 그러나 일자리를 찾아 유입되는 인구도 늘고, 경제가 성장하면서 쓰레기 양도 급격하게 늘기 시작했다. 서울시는 도시 외곽에 교통이 편리하면서 드넓은 땅이 있는 새로운 매립지를 찾기 시작했다.

1978년 3월 18일, 폐기물 처리 시설을 두기에 가장 적당하다고 결정된 난지도에 쓰레기가 들어오기 시작했다. 그 뒤 1992년까지 15년 동안 서울 사람들이 버린 쓰레기가 밀려들었고, 여의도와 비슷한 면적(약 272만 제곱미터)에 9200만 톤이나 되는 어마어마한 쓰레기가 쌓였다. 그러자 한강 하구의 작은 섬이었던 난지도는 사라지고 해발 94미터, 98미터나 되는 거대한 산 두 개가 우뚝 솟아올랐다. 지금은 노을공원이 된 제1매립지(5640만 제곱미터), 하늘공원이 된 제2매립지(3480만 제곱미터), 평화의공원이 된 슬러지 매립지(80만 제곱미터)까지 난지도에 묻힌 쓰레기 양은 엄청났다.

쓰레기는 가정에서 나오는 각종 생활 쓰레기와 그 시절 대표적인 난방 연료였던 연탄재, 건설 폐기물, 산업 폐기물까지 종류도 다양했다. 당시는 폐기물 처리 관련 법도 정비되기 전이고 현대적인 매립 시설도 갖추지 못했을 때라서 단순 매립 방식으로 쓰레기를 쌓았다. 가스와 침출수 같은 오염 물질이 나오지 않도록 처리하는 시설을 갖추지 않은 채 온갖 쓰레기를 구분하지 않고 모두 한꺼번에 갖다 부었다는 뜻이다.

1950년대 난지도를 기억하는 사람들은 난지도가 철 따라 꽃이 피고 철새들 수만 마리가 즐겨 찾던 광활한 초원 같은 섬이었다고 말한다. 그러나 1980~1990년대 초반을 기억하는 사람들은 쓰레기 악취가 너무 심해서 양화대교를 건널 때면 코를 틀어막아야 했다고 말한다.

다시 공원으로 태어나다

사람들은 난지도를 '삼다도'라고 했다. 제주도를 뜻하는 삼다도는 '돌, 바람, 여자'가 많다는 아름다운 뜻이지만 난지도는 '먼지, 악취, 파리'가 많다는 부정적인 뜻이었다. 쓰레기 더미에서는 쓰레기가 분해되면서 메탄가스가 나오는데, 이 가스가 발화 원인이 되거나 쓰레기 속에 섞인 가스통이 터지면서 불이 나는 일도 잦았다. 큰불로 번지면 소방차로 진화하기 힘들어 불도저로 흙을 덮어서 불을 끄기도 했다. 쓰레기를 매립하는 15년 동안 일어난 화재는 1390여 회나 됐고 무려 45일 동안이나 화재를 진압하지 못한 일도 있었다.

쓰레기가 썩으면서 생기는 침출수가 또 다른 문제를 만들기도 했다. 고약한 냄새를 풍기며 흘러내리는 침출수는 빗물과 지하수와 섞여 흙을 오염시키고, 한강으로 흘러들어 인근의 땅과 물도 오염시켰다. 그 땅에서 자라는 식물에도 악영향을 미쳤고, 침출수에 들어 있는 오염된 유기 물질을 먹은 새와 물고기 건강에도 좋지 않은 영향을 미쳤다.

1993년 난지도 매립장에 더 이상 쓰레기를 버릴 수 없게 되자 경기도 김포군 검단면(현 인천시 서구)으로 수도권 매립지를 옮겼다. 그리고 난지도는 공원으로 만들기로 했다. 쓰레기 산을 공원으로 가꾸는 일은 쉽지 않았다. 먼저 쓰레기가 쌓인 상태에서 환경을 복원하는 매립지 안정화 공사를 시작했다. 침출수가 새어 나가지 않도록 차수벽을 설치하고 침출수를 정화시켰다. 매립지 상부에는 1미터가량 흙을 덮어 초지를 만들고, 매립 가스도 정화했다. 쓰레기가 분해되면서 나오는 매립 가스를 모아서 다시 활용할 수 있도록 가스 이송관을 설치하고 가스 포집정을 만들었다. 이 가스는 월드컵공원 안에 있는 한국지역난방공사의 보일러 연료로 사용하고, 상암동 일대 아파트와 월드컵경기장 등지에서 난방 연료로 쓰고 있다.

매립지의 경사진 면이 무너지지 않도록 나무를 심는 사면 안정화 작업도 여러 해 동안 차례차례 진행했다. 척박한 매립지에서도 살 수 있는 다양한 나무와 식물, 억새 들도 공들여 심고 가꾸었다. 그러자 곤충과 새들이 찾아들고, 맹꽁이와 개구리, 뱀 같은 양서류와 파충류, 너구리와 족제비, 고라니, 고슴도치가 찾아왔다. 한때는 멧돼지와 삵이 나타나기도 했다. 하지만 본래 난지도가 가지고 있던 아름다운 생태계는 영원히 사라져 버렸다. 땅속에 묻힌 쓰레기가 계속 분해되면서 공원 지반이 조금씩 내려앉고 있기도 하다.

중요한 것은 쓰레기 양을 줄이는 것

조선시대 후기까지만 해도 쓰레기의 종류는 단순했다. 옛사람들은 생활 쓰레기를 오물(汚物, 더럽고 지저분한 물건)이라고 했는데, 아궁이에서 땔감을 태우고 남은 재와 뒷간의 똥오줌 같은 것을 가리키는 말이었다. 재와 똥오줌은 퇴비장에 모아 썩혔다가 논밭의 거름으로 썼다.

1961년에 제정된 오물청소법은 주로 도시에서 나오는 쓰레기와 분뇨를 처리하기 위해 만들었다. 재래식 변소에서 나오는 분뇨가 주요 처리 대상이었는데, 기생충 감염 우려가 있어 분뇨를 비료로 쓰는 것을 금지했고, 생활 쓰레기는 논밭이나 저지대에 매립했다가 다시 흙을 덮고 다져서 건물을 세우도록 했다.

1970~1980년대 서울에 인구가 몰리고 도시가 점점 커지자 쓰레기 양이 폭발적으로 늘고 산업 쓰레기가 나오는 등 종류도 복잡해졌다. 습지나 소규모 매립지, 택지 조성지에 다 묻기 힘들 만큼 양이 늘어나자 난지도를 쓰레기 매립지로 정했는데,

이곳 역시 15년 만에 포화 상태에 이르렀다. 이후 인천시와 김포시 간척지에 서울시와 인천시, 경기도가 함께 사용하는 수도권 매립지를 만들었다.

1995년부터는 쓰레기 종량제를 시행하여 쓰레기를 배출하는 만큼 비용을 내는 정책을 도입했다. 생활 쓰레기는 규격 봉투에 담아 정해진 장소에 내놓고 재활용품은 따로 수거하고 있다. 음식물 쓰레기는 따로 수거하여 퇴비나 가축 사료 따위로 활용하고, 자원으로 활용할 수 없는 쓰레기는 자원 순환 시설에서 태운 뒤 남은 재를 수도권 매립지에서 처리하고 있다. 그러나 중요한 것은 쓰레기가 줄지 않고 점점 늘어난다는 것이다.

1993년부터 쓰레기를 반입한 인천시 서구 수도권 매립지 역시 조만간 포화 상태에 이를 것이라고 예측하고 있다. 환경부와 지방자치단체들은 대체 매립지를 찾기 위해 바쁘게 대책을 마련하고 있다. 그러나 많은 사람이 모여 사는 수도권에 새로운 쓰레기장을 만들 만큼 넓은 땅이 부족할 뿐 아니라 쓰레기장이 집 근처에 들어서는 것을 시민들이 반대하기 때문에 새로운 곳을 찾기 쉽지 않은 실정이다.

한번 쓰고 가볍게 버리는 일회용품은 점점 늘어나고, 쇼핑후 곧 쓰레기가 되는 포장지도 너무나 많다. 생활용품과 가전제품 들의 수명이 점점 짧아지면서 쓰레기가 더 폭발적으로 늘고 있다. 사람들은 고장 나면 고치거나 수리하기보다는 신제품을 새로 사는 것을 더 좋아한다.

이런 문제에 위기를 느끼는 사람들이 포장지를 사용하지 않는 가게를 만들고, 중고 물품을 거래하는 재사용 가게를 이용하고, 쓰레기를 줄이려는 제로웨이스트 운동도 활발하게 하고 있다. 하지만 아직 이 거대한 소비 흐름을 바꾸기엔 부족하다. 쓰레기 분리배출을 잘하고 재활용하는 것도 중요하지만, 그보다 더 앞서야 하는 것은 쓰레기를 적게 만드는 것이다. 나는 하루에 쓰레기를 얼마만큼, 몇 가지나 만들고 있을까? 쓰레기를 더 줄일 방법은 없을까?

본래 자연 생태계에는 쓰레기가 없다. 생명을 다한 풀과 나무, 동물은 그 자리에 쓰러져 기꺼이 다른 생명체의 양분이 되고, 다시 흙으로 돌아간다. 오직 인간만이 잘 썩지 않는 쓰레기를 남기고, 그 쓰레기는 사람 수명보다 훨씬 더 긴 시간 동안 지구 생태계에 영향을 미친다. 지금 내가 가진 모든 것은 언젠가 쓰레기가 될 것이다. 그러나 그것을 얼마나 소중하게 간직하느냐, 쉽게 버리느냐에 따라서 이들의 운명은 달라진다.

여행지에서 생긴 일

관광객을 거부하는 관광지

"관광객은 꺼져라!"

이탈리아 북부의 아름다운 수상 도시 베네치아는 118개 섬으로 이루어져 있다. 이 섬들을 이어 주는 운하와 400여 개의 다리가 독특한 도시 풍경과 어울려 아름다운 관광지로 손꼽히는 곳이다. 거리 전체가 유네스코 세계 문화유산으로 등재되어 있을 정도로 아름다운 이 도시의 풍경을 즐기려고 전 세계에서 관광객이 한 해 평균 2000만 명씩 몰려든다. 그런데 베네치아 주민들이 "관광객은 꺼져라!" 하고 외치며 항의 시위를 벌였다. 다른 곳에서는 자기 지역에 많이 찾아오라고 홍보하는데, 베네치아에서는 무슨 일이 벌어진 걸까?

2016년 베네치아에는 주민들 500명이 밀려드는 관광객 때문에 집세가 크게 올라 살기 어려워졌다며 항의 시위를 벌였다. 임대료가 급격히 올라 원주민들이 결국 다른 주변 지역으로 떠나야만 하는 젠트리피케이션(gentrification, 도심에 사람들이 몰리면서 개발되고 임대료가 오르면서 원주민이 바깥으로 내몰리는 일) 현상이 나타났기 때문이다. 가뜩이나 주택이 부족하여 집세가 올라가는데, 임대료가 폭등한 아파트마저 관광객을 위한 숙박지로 쓰게 되자 결국 주민들은 인근으로 밀려날 수밖에 없었다. 이런 이유로 베네치아 인구는 1951년 약 17만 5000명이었는데 2016년에는 5만 5000명 이하로 줄어들었다.

관광객들이 몰려들면서 쓰레기는 넘쳐 나고, 생활하는 데 꼭 필요한 식료품 가게가 문을 닫고 그 자리에 관광객을 위한 기념품 가게들이 들어섰다. 주민들이 이용하던 동네 식당은 점점 오르는 월세를 감당하지 못해 영업을 중단했고, 관광객이 이용하는 값비싼 식당들만 성행했다.

베네치아 주민들의 시위는 2010년대 초반부터 시작되었다. 크루즈를 타고 와서 서너 시간 머물다가 곧 떠나는 관광객들은 숙박하지 않기 때문에 베네치아에 돌아오는 이득은 거의 없는데 쓰레기 문제와 소음 같은 피해만 준다며 대형 크루즈 정박을 반대하는 시위를 벌였다. 이 시위는 관광객들을 아예 거부하는 시위로까지 이어졌다.

고민이 깊어진 베네치아 시는 당일치기 여행객들에게 관광세

를 부과하여 비용을 부담하게 하는 방식으로 관광 수요를 점차 줄였다. 또 주거 지역으로 들어가는 길목 두 곳에 검문소를 만들어 관광 성수기에는 주민들만 통과시키기도 했다. 이런 현상은 베네치아뿐 아니라 스페인 바르셀로나, 포르투갈 포르투, 네덜란드 암스테르담, 프랑스 파리, 그리스 산토리니, 크로아티아 두브로브니크, 일본 교토에서도 나타났다.

관광객을 반대하는 시위는 우리나라에도 있었다. 서울시 종로구 가회동의 북촌 한옥마을은 기와를 가지런히 얹은 한옥 250여 채가 들어서서 우리 전통마을의 분위기를 잘 느낄 수 있는 곳이다. 2017년 8월 북촌 한옥마을 주민들은 관광객들 때문에 피해를 보고 있다며 피켓 시위를 벌였다. 북촌 한옥마을에는 외국인 관광객들이 하루 평균 7000여 명이나 몰려들어 골목마다 시끌벅적 북새통을 이루었다.

이른 아침부터 주민들은 관광객들의 소음에 잠을 깨고, 창문 너머의 낯선 시선에 신경을 곤두세워야 했을 뿐 아니라 열린 대문으로 불쑥 들어오는 사람들 때문에 놀라는 일도 잦았다. 관광객들은 한옥을 배경으로 사진 찍기에 여념이 없고, 대문 앞이나 골목길에 앉아 큰 소리로 웃거나 떠들기도 했다. 사진을 찍다가 장독을 깨거나 쓰레기를 함부로 버리고 가기도 했다. 불편과 분노가 커지자 이런 상황을 견디지 못하고 결국 동네를 떠나 버린 주민들도 있었다.

밤낮 없는 소음과 사생활 침해를 참다못한 주민들은 시위에 나섰다. 대문 앞에는 '조용히 해 주세요'라는 문구를 4개 국어로 붙여 두고, '북촌 한옥마을 주민도 인간답게 살고 싶다'는 현수막도 내걸었다.

오버투어리즘의 대안

이런 현상을 오버투어리즘(overtourism), 우리 말로는 과잉관광이라고 한다. 오버투어리즘은 '지나치게'라는 뜻을 가진 'over'와 여행을 뜻하는 'tourism'의 합성어로, 관광객들이 지나치게 많이 몰려서 쓰레기와 소음 문제, 사생활 침해, 집값 상승과 물가 상승, 야생동식물 피해와 바다 오염 같은 환경 문제까지 주민들과 환경이 피해를 보는 현상을 말한다.

아무리 관광이 주요 수입원인 도시라도, 생존에 위협을 느끼는 상황으로까지 이어지자 이 문제를 해결하기 위해 각국 정부에서는 다양한 대책을 마련하고 있다. 이탈리아와 스페인에서는 방문객 카운팅 시스템(counting system)을 도입하여 여행자 수를 관리하고 호텔 신축을 금지하며, 관광버스 도심 진입을 제한한다든지, 온라인 숙박 예약 서비스를 하는 에어비앤비 영업 일수를 제한하는 식으로 문제를 해결하려고 노력하고 있다.

태평양 한가운데에 있는 모아이 석상으로 유명한 이스터섬을 찾는 사람들도 부쩍 늘었다. 이 섬은 칠레 본토에서 3500킬로미터나 떨어져 있어 접근이 쉽지 않았으나 지난 10여 년간 관광객이 점점 늘어 2018년에는 10만 명가량이 찾았다. 이스터섬은 면적이 163.6제곱킬로미터, 너비는 32킬로미터로 좁은데, 지난 30여 년간 인구도 네 배나 늘고 차량 등록 대수도 대폭 늘어서 칠레에서 자동차 밀도가 가장 높은 곳이 되었다. 관광객이 늘면서 칠레 본토 출신 이주민들도 많이 들어와서 정작 원주민들은 관광 수입의 혜택을 제대로 누리지 못하고 있다.

원주민들이 이런 불편 사항을 개선해 달라고 끊임없이 요구하자 칠레 정부는 이스터섬 여행객의 체류 기한을 90일에서 30일로 줄이고, 돌아가는 항공권이 없다면 섬 방문을 허락하지 않는 규제도 했다. 이 규제로 관광객 수뿐 아니라 이주민의 수도 통제하고 있다.

필리핀 보라카이는 더 강력한 정책을 시행했다. 두테르테 필리핀 대통령이 '냄새 나는 시궁창'이라고 지적할 만큼 환경 오염이 심각했던 보라카이는 2018년 4월부터 6개월 동안 섬을 아예 폐쇄해 버렸다. 바닥이 투명하게 비치던 맑은 바다는 함부로 버린 생활 하수로 심각하게 오염되어 이끼와 부유물로 가득했고, 하루 100톤이 넘는 쓰레기가 쏟아져 나와 환경 당국이 처리할 수 있는 쓰레기 양인 30톤을 훌쩍 넘겨 버렸다. 관광지로서 매력이 떨어지자 6개월 동안 섬을 폐쇄하고 환경 정화 활동을 벌였던 것이다.

재개장한 이후에는 하루 관광객 수를 반으로 줄였고, 정부

허가를 받은 호텔이나 리조트만 영업할 수 있게 했다. 관광객들은 정부가 인증한 바우처(voucher, 상품이나 서비스를 구매할 수 있는 증서)나 숙박 허가증이 있어야만 섬에 들어갈 수 있게 되었다. 해변에서 불꽃놀이와 음주, 흡연도 금지하고, 스쿠버다이빙 같은 해양 스포츠를 제한하기도 했다. 주민들은 반 년 동안 영업하지 못하는 피해를 보기는 했지만, 결과적으로는 더 나은 선택이었다. 오랫동안 깨끗한 관광지를 즐기고 싶은 여행자들을 위해서도 말이다. 이것은 보라카이를 아름다운 섬으로 되살리기 위한 피할 수 없는 선택이었다.

중요한 것은 여행자의 몫

우리나라 최고 여행지인 제주도도 오버투어리즘 문제로 몸살을 앓고 있다. 제주도 한 달 살기, 제주도 이주라는 말이 유행할 정도로 제주도에 관한 관심은 점점 뜨거워지고 있고, 저가 항공으로 저렴하게 제주도에 가는 방법도 늘어나면서 국내외 관광객 수도 폭발적으로 늘었다. 섬의 중심에 우뚝 솟은 한라산과 봉긋봉긋한 오름, 울창한 난대림 숲, 그리고 푸른 바다를 즐기며 조용하고 여유롭게 휴가를 즐길 수 있었던 제주도에는 이제 곳곳에 렌터카들이 늘어서 있고 유명한 관광지나 식당에는 사람들이 바글바글하다. 제주도에서 다 처리할 수 없을 만큼 많은 쓰레기도 문제가 되고 있다.

제주도의 유명한 오름에는 관광객이 너무 많이 찾아오는 바람에 오름 정상 봉우리에 있는 풀들이 사라지고 화산석인 붉은 송이층이 다 드러나 쓸려 내려가는 등 심각하게 훼손되었다. 그러자 제주시에서는 오름에 자연휴식년제를 도입했다. 2008년부터 물찻오름과 도너리오름, 문석이오름, 송악산 정상부를 순차적으로 통제하고, 2021년 2월부터 백약이오름과 용눈이오름까지 2년간 출입을 통제한다. 또 점점 늘어 가는 관광객을 위해 제주도에 제2공항을 만들어야 한다는 이야기가 꾸준히 나오지만 관광객을 제한하고 생태계를 보전하기 위해서는 공항을 더 짓지 말아야 한다는 반대 입장이 팽팽하게 맞서고 있다.

여행자들을 위해 마련한 여행 프로그램이 논쟁이 되기도 했다. 흰고래인 벨루가를 타고 즐기는 물놀이나 돌고래쇼, 코끼리 등에 타고 관광지를 둘러보는 코스는 사람들에게는 신기하고 특별한 체험일지 몰라도 동물들에게는 오랜 시간 훈련하고 사람들과 접촉하면서 스트레스를 받아야 하는 고된 노동일 뿐이다. 흰목물떼새 같은 물새들이 알을 낳아 품고 있는 강변 모래밭 근처 길을 오토바이를 타고 요란하게 달린다거나 원숭이처럼 철창에 갇힌 동물을 가까이에서 구경하고 만지는 행위도 동물들에게 심한 스트레스를 주고 위협감을 느끼게 한다.

이런 오버투어리즘 문제를 해결하기 위해 다양한 노력과 지혜를 모아야만 하는데, 무엇보다 중요한 것은 여행자들의 생각과 태도의 변화이다. 돈을 낸 만큼 환호성을 지르며 마음껏 누리고 가겠다는 생각을 내려놓고 주민들을 배려해야 한다. 잠깐 머물 곳이니 함부로 지내도 된다는 생각은 접고 우리 집을 쓸고 닦듯 숙소와 관광지를 깨끗하게 이용해야 한다.

여행지를 SNS에 올릴 사진의 배경쯤으로만 여기지 않고, 아름다운 이곳이 오랫동안 많은 이들이 즐겨 찾는 곳이 될 수 있도록 함께 노력해야 한다. 인생 사진을 찍겠다고 절벽이나 출입금지구역에 가면 사고가 일어날 수도 있다. 남들보다 멋진 사진을 찍기 위해 새들을 쫓아 날아오르게 한다거나 새 둥지를 잘 보이게 찍겠다고 나뭇가지를 자르면 어미 새와 새끼들이 천적에게 노출될 수도 있다. 야생화를 잘 찍으려고 군락지에 들어가면 도리어 야생화를 밟을 수도 있다. 내 행동으로 야생동식물의 서식지가 훼손되지는 않을지 생각해야만 한다.

우리가 아름다운 여행지를 기꺼이 찾아가는 까닭은 그곳의 빼어난 자연을 즐기고 힘든 일상에서 벗어나 편안한 휴식을 즐기기 위해서이다. 그러나 그 여행지가 내 행동으로 점점 오염되고 매력을 잃어 간다면 어떻겠는가? 여행자들이 여행지와 지역 주민, 그곳에 사는 자연의 생명들에게 미치는 영향은 매우 크다. 우리는 과연 어떤 여행자가 되어야 할까?

🔍 제주도 생태 여행법

1. 나만의 여행 코스를 만든다. 많은 사람이 몰리는 유명한 곳보다는 제주도의 역사와 문화, 생태에 대해 이해할 수 있는 코스를 준비한다.

2. 제주도의 전통과 문화를 존중한다. 독특한 제주 말과 음식, 풍습 같은 육지와 다른 문화와 생활 방식에 호기심을 가지고 이해하는 것도 좋은 여행법이다.

3. 제주도의 자연을 소중하게 여긴다. 제주도는 난대림과 오름, 한라산, 바다가 있어 육지에서는 보기 힘든 희귀한 동식물이 많이 서식하는 곳이다. 관광지로 허용된 곳만 방문하고, 보호지역에 함부로 들어가거나 자연물을 몰래 채취하지 않는다.

4. 지역 주민들에게 예의를 지킨다. 들뜬 마음으로 큰 소리로 떠들거나 주민들이 공들여 가꾼 농산물을 함부로 따지 않는다. 집 안을 기웃거리거나 사진을 함부로 찍지 않고 예의를 갖추어 동의를 구한 뒤 행동한다. 여행지도 누군가에게는 소중하고 편안한 생활 공간이다.

5. 지역 주민들이 생산하거나 운영하는 곳을 이용한다. 주민들이 직접 운영하는 숙소와 식당, 기념품 가게를 이용하면 지역 경제를 살릴 수 있고, 주민들이 아름다운 여행지를 계속 지키며 살 동력이 된다.

6. 지역 여행사를 선택한다. 제주도를 잘 아는 현지 안내자와 동행
   하면서 제주도만의 고유한 문화를 지역 사람의 시각으로 바라보
   면서 이해하는 시간을 갖는다.

7. 쓰레기를 줄이는 여행을 한다. 여행할 때는 짐을 줄이려고 일회
   용품을 더 많이 쓰기 쉽지만, 여행객이 늘고 쓰레기도 늘면서 섬
   은 포화 상태가 되어 가고 있다.

8. 되도록 대중교통을 이용하고, 자동차를 빌려야 한다면 전기 차나
   하이브리드 차를 선택한다. 관광지나 숙소에서도 물과 에너지를
   절약하는 친환경 실천을 잊지 않는다.

옷은 일회용이
아니야

송충이보다 징그러운 누에

"와, 누에다!"

내 짝꿍 지영이가 등교하자마자 책상 위에 가방을 내려놓았다. 그런데 가방에서 하얀 벌레가 꼬물댔다. 아이들이 키득거리며 몰려들었다. 지영이도 어젯밤 누에가 있는 방에서 잔 모양이다. 나는 단번에 그것을 알 수 있었다. 복도를 지나가던 선생님이 웬 소란인가 싶어 우리 교실에 들어오셨다.

"어머, 누에가 이렇게 생겼구나. 이 벌레가 비단실을 만드는구나."

시골 초등학교의 단 한 분뿐인 여선생님이라 아이들이 무척 좋아했던 그 선생님은 가까이 다가와 누에를 자세히 들여다보셨다. 그러더니 누에를 종이에 붙여서 교무실로 가셨다. 도시에서 온 선생님은 누에를 처음 봐서 신기할지 몰라도 뽕잎이 자라는 이맘때면 우리 동네에는 집집마다 수백 마리도 넘는 누에들이 꼬물거리고 있었다.

오랜 역사를 지닌 양잠은 고조선시대부터 시작되었는데, 우리나라에서는 1980년대까지 양잠업이 성행했다. 많은 사람들이 누에고치에서 얻은 실을 수출하여 외화를 벌어들였다. 지금 서울의 잠실(蠶室)동과 잠원(蠶院)동은 조선 초 국립양잠소인 잠실이 있던 자리여서 붙은 지명이다.

누에는 까만 꽃씨 같은 작은 누에씨에서 생명이 시작된다. 양잠조합에서 누에씨를 동네마다 나눠 주면 마을 이장님이 동네에 방송하고 사람들을 불러 모아 집집마다 나눠 주었다. 누에씨를 따뜻한 아랫목에 며칠 두면 아주 작은 벌레가 꼬물꼬물 깨어났다. 그러면 어른들은 작은 방을 말끔히 치워서 누에 방을 따로 만들었다. 지지대를 세우고 채반을 서랍처럼 차곡차곡 쌓아 누에가 살 공간을 마련했다. 그리고 이른 새벽, 이슬이 내리기 전에 싱싱한 뽕잎을 따서 누에에게 먹였다. 누에는 물기를 먹으면 죽기 때문에 비가 내리는 날에는 밭에서 따 온 뽕잎을 수건으로 하나하나 닦아야 했다.

동네마다 논둑과 밭둑에는 뽕나무가 빼곡했다. 뽕나무는 많았지만 우리는 뽕나무의 달콤한 열매인 오디 맛을 볼 수 없었다. 뽕잎이 자라기가 무섭게 가지째 베어 와 누에에게 먹였기 때문이다. 오디를 못 먹는 것쯤은 참을 수 있었다. 문제는 누에 방이었다. 누에가 한창 먹어 대는 시기에는 한밤중에도 뽕잎을 넣어 줘야 해서, 누에 방에는 누군가 잠을 자면서 대기하고 있어야 했다. 누에가 풍기는 독특한 냄새가 싫어서 나는 그 방에서 자는 것이 싫었다. 하지만 방이 부족해서 어쩔 수 없이 할머니와 누에 방에서 자야 했다. 자고 일어나면 우리 반 지영이처럼 옷이나 가방에 하얀 누에가 스멀스멀 기어 다녔다.

누에는 생각보다 까다로운 녀석이다. 물기뿐 아니라 온도와 냄새에도 아주 민감하다. 그래서 군불도 적당하게 지펴 주어야 했다. 누에 방에서는 화장품을 발라서도 안 되었고, 인공 향이 나는 어떤 것도 들여놓을 수 없었다. 며칠 동안 먹기만 하고, 또 며칠은 잠만 자면서 이 까다로운 녀석들은 무럭무럭 자랐다. 누에가 꼬물대는 채반 아래에는 누에가 갉아 먹고 남은 뽕잎 잎맥과 까만 똥이 쌓였다. 그러면 누에를 새 채반으로 옮겨 주어야 했다.

더 큰 문제는 바로 이때였다. 손으로 누에를 잡아서 하나하나 옮겨 주어야 했다. 어른 손가락만큼 자라서 꼬물대는 누에를 바라보는 것만으로도 징그러워 죽겠는데, 내 손으로 만져야 하다니……. 나는 송충이와 풀쐐기보다 누에가 더 징그러웠다. 그래서 채반을 옮기거나 다른 일을 하겠다고 졸라 댔다. 그럴 때면 아버지는 이렇게 말씀하셨다.

"이번에 누에고치 팔아서 운동화 사 줄게."

어머니도 한마디 거드셨다.

"누에 다 옮겨야 점심 먹는다. 얼른 해라."

농사일은 다 때가 있는 법, 날이 더 더워지기 전에 일을 마쳐야 하니 어른이나 아이나 바쁘게 움직여야 했다.

누에는 다 자라면 하얀 누에고치를 짓기 시작한다. 채반이며 지지대며 벽, 천장까지 제 편한 장소에 하얀 실을 뽑아 내어 동그랗고 약간 길쭉한 집을 지었다. 고치를 떼어 내고 끝부분을 가위로 살짝 자르면 번데기가 도르르 굴러 나왔다. 누에가 번데기로 변태한 것이다. 고치를 말끔하게 다듬고 자루에 담으면 어른들이 그걸 오일장에 내다 팔았다.

우리 집에서 하는 작업은 이렇게 마무리되었지만, 고치가 비단이 되려면 다시 여러 과정을 거쳐야 한다. 공장에서 번데기를 골라내고 삶은 뒤 가늘고 고운 실을 뽑아 이 실로 천을 짜고 색색깔로 염색해야 비로소 비단이 된다. 천 하나를 만드는 일에도 이렇게 많은 노동과 정성이 필요하다. 이렇게 힘겹고 복잡한 과정을 거쳐야만 비로소 옷 한 벌이 만들어진다.

살충제로 키운 하얀 황금

요즘 우리가 가장 즐겨 입는 옷감은 면이다. 면은 질기고 튼튼해서 오래 입을 수 있다. 자주 세탁해도 괜찮고, 열에도 강해

서 뜨거운 다림질도 잘 견딘다. 또 가볍고 보온성이 좋고, 물을 잘 흡수하고 감촉도 좋다. 그래서 겉옷뿐 아니라 속옷, 수건, 손수건, 침구류로도 많이 만든다.

면의 원료인 목화는 약 3000년 전 인도에서 가장 먼저 경작되기 시작했다. 인더스강 유역의 고대 인도 유적에서 기원전 2500년에서 기원전 1500년 사이에 만들어진 것으로 추정되는 가장 오래된 면포 조각이 발견되었고, 남아메리카 페루의 고대 유적에서도 거의 비슷한 시대의 무명 레이스가 발견되었다. 이집트와 페르시아, 아라비아, 로마, 중국, 동남아시아를 포함한 각지로 목화가 전파되었고 15세기 말 인도 항로가 발견된 이후 유럽에도 퍼졌다.

목화는 세계에서 가장 먼저 거래된 상업화된 작물이자, 세계 섬유 산업의 대표 원료이다. 우리나라는 고려시대 1363년(공민왕 12년)에 문익점 선생이 중국 원나라에 갔다가 귀국할 때 목화 씨앗을 붓 뚜껑 속에 숨겨 가져오면서 재배하기 시작한 것으로 알려졌는데, 1970년대까지 전국에서 널리 재배했다. 이후 목화를 재배하는 것보다 수입하는 값이 싸지자 거의 외국에서 들여오고 있다.

목화는 자라면서 달걀 모양의 열매가 익는데, 그 속에서 터져 나온 하얀 솜털로 천연섬유인 면을 만든다. 목화의 씨와 하얀 솜을 조면기로 분리하고, 하얀 솜털을 모아 실을 뽑아낸 뒤 짜고 엮으면 면직물이 만들어진다. 목화는 부드러운 옷감을 만들 뿐 아니라 씨를 짜서 얻은 기름은 요리에 쓰고, 깻묵은 가축용 사료로 쓴다. '하얀 황금'이라고 할 만큼 쓰임새가 다양한 이 목화는 벌레들이 무척 좋아한다. 그래서 다른 작물보다 농약을 많이 뿌려야 한다.

인도에서 경작 가능한 전체 농지 가운데 목화 재배지는 5퍼센트 정도다. 그런데 이곳에서 인도 전체에서 쓰는 살충제의 54퍼센트를 뿌린다. 이렇게 수십 년 동안 화학비료와 살충제를 사용하자 농토가 점점 불모지로 변해 갔다.

패스트패션의 유행

몇 해 전부터 시장이나 대형 쇼핑몰을 지나다 보면 '어떻게 이렇게 싸게 팔 수 있지?' 싶을 정도로 값싼 옷이 늘어났다. 잔뜩 쌓아 둔 옷 더미는 옷이 아니라 한번 입고 버려도 좋을 일회용품처럼 보인다. 아니나 다를까, '패스트패션(fast fashion)'이란 말까지 나왔다고 한다. 패스트패션은 말 그대로 값이 싸면서도 빠르게 바뀌는 유행을 즉각 반영한 옷으로 '패스트푸드(fast food)'에서 유래한 말이다. 유행에 민감한 사람들이 패스트패션의 주요 소비자이다.

패스트패션은 중간 유통 단계를 줄여서 값이 싸고, 신상품 출시 주기가 짧다. 보통 패션 업체에서 상품이 바뀌는 주기가 연간 4~5회라면, 패스트패션 업계는 매월, 매주, 심지어 날마다 상품을 교체한다. 또 희소성을 노리고 같은 옷을 많이 만들지 않는다. 빨리 바뀌고 늘 새 상품이 진열되니 소비자들은 오늘 사지 않으면 다시는 살 수 없다고 생각한다. 소비자는 최신 유행 스타일의 옷을 싸게 사고, 회사는 빠른 회전으로 재고 부담을 줄인다고 한다.

한동안 9900원짜리 옷이 유행했다. 미국과 유럽에서는 샌드위치보다 싼 티셔츠와 스웨터도 많다. 헐값에 살 수 있다 보니 몇 번 입다 버려도 부담이 없다. 가볍게 사서 입다가 싫증 나면 곧 버리는 것이다. 입다가 버린 옷 쓰레기는 의류 수거 업체마다 산더미를 이룬다. 해마다 버려지는 옷은 계속 늘어나 환경에도 큰 부담이 된다. 버려진 옷 가운데 화학섬유로 만든 것은 잘 썩지 않아 태워서 없애야 한다. 이 소각 과정에서 독성 물질이 뿜어 나온다.

1960~1970년대 서울에는 옷 공장이 많았다. 먼지가 풀풀 날리는 옷 공장에서 일하는 여성 노동자들은 창문도 없고 소음은 심한 매우 열악한 공간에서 종일 재봉틀을 돌려야 했다. 이렇게 열심히 일해도 제대로 된 월급을 받지 못하고 관리자의 폭력에 시달리기도 했다.

1980년대 후반 경제가 성장하면서 시민 의식이 높아지고 노동자 임금이 오르자 의류 공장은 중국으로 옮겨 갔다. 중국 노동자들의 임금도 오르자 베트남, 말레이시아, 스리랑카로 옮겼고, 다시 인도와 방글라데시, 미얀마, 캄보디아로 이동했다.

이렇게 인건비가 낮고 정부 규제가 느슨한 동남아시아로 의류 공장이 옮겨 가는 동안 패스트패션이 의류 산업의 중심으로 떠올랐다. 패스트패션 브랜드들이 속옷부터 패딩까지 다양한 종류의 옷을 파격적으로 낮은 가격에 판매하자 경쟁에 밀린 수많은 회사가 문을 닫았다.

동남아시아의 의류 공장은 1960~1970년대 우리나라 공장 여건과 별반 다르지 않을 정도로 열악하다. 2013년 4월 방글라데시의 수도 다카 인근의 사바르에서 봉제 공장이 밀집해 있던 9층 건물인 라나 플라자가 갑자기 무너져 내렸다. 3~4층에 몰려 있던 의류 공장에서 노동자들이 납기일을 맞추기 위해 유명 패스트패션 브랜드 옷을 열심히 생산하던 와중이었다. 이 붕괴 사고로 노동자 1129명이 사망했고 2500명 이상이 부상당했다. 이 건물은 계속된 불법 증축으로 무너질 수 있는 여러 이상

징후가 있었지만 건물주는 안일하게 대응했고, 결국 큰 사고가 일어나 버린 것이다.

이 사건으로 값싼 의류 생산으로 인한 문제와 저렴한 옷 가격 뒤에 숨은 저임금 문제, 노동자들의 장시간 노동과 열악한 근무 환경이 세상에 드러났다. 분노한 시민들이 목소리를 높이고 항의하자 다국적 기업들은 사회적 책임을 약속하는 성명을 발표했다. 그러나 노동자들의 열악한 조건은 변하지 않았고, 해결해야 할 문제도 여전히 많다.

청바지 한 장의 탄소 발자국

옷을 만드는 과정에서도 이산화탄소가 많이 배출된다. 제품을 생산하여 소비자가 구매하기까지 드는 환경 비용을 이산화탄소 배출량으로 환산한 것을 '탄소 발자국(carbon footprint)'이라고 한다. 이것은 원료 채취와 생산, 운반, 유통, 사용, 폐기까지 모든 과정에서 발생하는 온실가스를 이산화탄소 배출량으로 환산한 것이다. 의류 생산으로 인해 해마다 이산화탄소가 400만 톤 방출되는데, 이것은 전 세계 온실가스 배출량의 8퍼센트를 차지한다. 옷 가운데 이산화탄소를 가장 많이 배출하는 종류는 청바지와 재킷, 드레스이다. 청바지는 같은 무게로 계산했을 때 티셔츠보다 탄소를 4~5배 더 많이 배출한다. 유엔환경

계획에 따르면 청바지 한 장을 만들려면 물이 3781리터 필요하다고 한다. 목화를 키우고 최종 제품인 청바지를 만들어 매장에 운반하기까지 필요한 물의 양을 탄소 발자국으로 환산하면 약 33.4킬로그램이라고 한다. 청바지 한 장이 만들어지는 동안 공기 중에 내뿜는 이산화탄소 양이 이렇게 어마어마한 것이다.

세탁 과정에서도 세탁기를 돌리고 세제와 물을 쓰면서 에너지가 사용되고 이때도 이산화탄소가 배출된다. 최근 건조기 판매가 부쩍 늘어나고 있는데, 건조기 역시 탄소를 배출하는 주범이다. 따뜻한 물보다는 찬물로 세탁하고, 건조기를 사용하기보다는 빨랫줄이나 빨래건조대에 널어서 햇볕에 말리면 이산화탄소 배출량을 줄일 수 있다.

옷이란 내 몸과 피부를 보호하기 위한 보호막이고, 내 삶의 태도와 감각을 상대에게 보여 주는 말 없는 대변자이다. '옷이 날개'라는 말처럼 어떤 옷을 어떤 자리에서 어떻게 입느냐는 무척 중요하다. 그러나 새 옷을 입어야만 패션 감각이 있고, 유행을 앞서가는 것은 아니다. 옷은 쉽게 사서 대충 입다가 버려도 되는 가치 없는 물건이 아니다. 옷을 만드는 과정을 깊이 들여다보고, 그 과정이 환경에 미치는 영향을 고려해야 한다.

패스트푸드가 건강에 나쁘다면, 패스트패션은 환경에 큰 부담을 준다. 지금 입고 있는 이 옷은 얼마나 오래된 것인가? 한 해 동안 당신이 버리는 옷은 과연 얼마나 되는가?

💡 옷을 오래 입는 법

1. 오래 입겠다는 생각으로 옷을 고른다.

2. 쉽게 물이 빠지거나 늘어나는 옷감보다는 재질이 좋고 바느질이 촘촘한 옷을 선택한다.

3. 한 해 몇 번 입지 않는 옷보다 자주 입는 옷을 좋은 제품을 선택한다.

4. 빨래나 다림질을 하기 쉽고 보관하기 편한 옷을 선택한다.

5. 유행을 타는 옷보다는 내 이미지에 맞는 옷을 선택한다.

6. 싫증 난 옷은 친구에게 주거나 바꿔 입는다.

7. 바느질이나 재봉틀로 간단하게 수선할 수 있는 것은 직접 한다.

8. 특별한 기술이 필요한 수선은 가까운 수선집을 이용한다.

9. 입을 수 없게 된 옷은 앞치마나 천 주머니, 에코백 같은 다른 용도로 만들어 쓴다.

감염병의 유행, 누구의 잘못일까?

예전으로 돌아가고 싶다!

2020년부터 우리는 매우 어려운 시기를 보내고 있다. 세계 곳곳에서 코로나바이러스감염증-19(코로나19)의 대유행이 계속되고 있다. 오늘도 많은 사람들이 감염되고 일부는 목숨을 잃었다. 외출할 때는 반드시 마스크를 써야 하고 수시로 손 소독을 하고 비누로 손을 자주 씻어야 한다. 가만히 있어도 땀이 비 오듯 떨어지는 한여름 찜통더위에 마스크를 쓰고 생활하는 건 정말 답답하고 힘들다. 그러나 대중교통을 탈 때 마스크를 쓰지 않으면 탑승을 거부당하고, 여러 사람이 모이는 공간을 출입하는 데에도 제한이 생겼다.

오전 10시쯤 되면 어김없이 뉴스 속보로 방역 당국에서 발표하는 코로나19 소식이 나온다. 몇 명이 감염되어 누적 확진자가 몇 명이고, 사망자가 몇 명이라는 소식을 알려 준다. 그리고 국민은 어떻게 행동하고 조심해야 하는지, 정부와 지방자치단체의 대응에 어떻게 협조해야 하는지도 상세히 알려 준다.

방송사 주요 뉴스도 코로나19 관련 소식부터 시작한다. 지역별로 다수의 확진자가 어디에서 나오는지, 방역법을 어긴 국내외 사례가 나오고, 사회적 거리두기의 중요성과 감염병을 예방할 수 있는 생활 수칙도 강조한다. 감염병이 유행한 것은 이번이 처음이 아니지만, 코로나19만큼 생활을 마비시킨 사례는 없었다. 사람을 직접 만나는 일 자체에 제약이 생겼고, 그로 인해 생활하는 모습이 바뀌었다. 말 그대로 초유의 사태다.

그나마 우리나라 상황은 나은 편이다. 미국과 유럽, 남미 같은 곳에서는 감염자들이 폭발적으로 늘어나 병원 시스템이 붕괴되고 장례식조차 치르지 못하는 일까지 벌어지기도 했다. 모두가 우려하던 감염병의 세계 대유행인 팬데믹[Pandemic, 세계보건기구(WHO)의 전염병 경보 단계 중 최고 위험 등급인 6단계] 상황이 벌어지고 말았다.

2020년 1월 중순 중국 우한의 시장에서 바이러스가 발생했다는 뉴스 보도 이후 2월에 접어들자 우리나라를 비롯한 세계 곳곳으로 바이러스가 빠르게 퍼졌다. 해외여행이나 출장으로 비행기를 이용하는 사람들이 늘면서 바이러스 이동이 덩달아 빨라진 탓이다. 우리 정부는 강력한 사회적 거리두기를 강조하면서 모든 행사나 모임을 취소하고 되도록 이동하지 않고 집 안에 머물러 줄 것을 권고했다.

해마다 3월 2일이면 전국 모든 학교가 개학하지만, 사태가 심각해지면서 개학이 몇 달 동안 연기, 또 연기되었다. 온라인 수업으로 겨우 수업을 이어 가다가 6월에야 가까스로 개학했다. 그러나 전교생이 모두 등교하는 것이 아니었다. 고3 수험생과 초중고 입학생 들이 차례로 번갈아 가며 등교해야 했다. 교실에서도 마스크를 끼고 생활하고 주기적으로 소독하고 급식실에는 투명 아크릴판을 설치하는 등 준비를 철저히 한다는 조건이 붙었다.

사람들의 모임과 이동 제한이 계속되자 여행사와 호텔 같은 관광 업계와 항공사가 큰 타격을 받았고, 졸업식과 입학식, 결혼식 같은 행사장에 꽃다발을 공급하던 화훼 업체와 학교 급식에 농산물을 공급하던 농장 들도 큰 피해를 입었다. 공연과 행사를 주관하는 회사와 식당 들도 큰 타격을 입었다. 코로나 19로 인한 경제적 피해와 파장은 이루 다 헤아릴 수 없다.

바이러스가 이동하는 경로를 보면 사람이 함께 어울려 사는 존재라는 것이 새삼 실감 난다. 바이러스는 감염자의 가족에게 먼저 옮기고, 친구와 이웃, 직장 동료처럼 가까운 사람을 통해 점차 퍼져 나간다. 그리고 교회, 요양병원 같은 지역 사회로 번진다. 바이러스는 눈에 보이지 않기 때문에 내가 다른 사람을 감염시킬 수 있고, 반대로 다른 이가 나에게 옮길 수 있으니 서

코로나괴수

마스크 맨
손세정제 맨

로 조심하고 경계해야 한다. 언제 어디에서 감염될지 알 수 없기 때문이다.

　반가운 사람을 만나면 악수를 하거나 가벼운 포옹을 하기도 했지만 지금은 그런 행동을 하기가 조심스럽다. 바이러스는 접촉을 통해서 쉽게 이동하기 때문이다. 남이 쓰던 물건에는 손대지 않는 문화가 생겼고, 버스 손잡이나 엘리베이터 버튼, 공중화장실 문고리처럼 손으로 잡거나 스스로 작동시켜야 하는 공공시설물의 이용을 꺼리거나 경계하게 되었다. 사람들이 외출을 자제하면서 배달음식 주문과 인터넷 쇼핑이 부쩍 늘어서 일회용품과 포장재 쓰레기도 덩달아 증가했다.

　사람이 모여 있는 실내 장소나 식당에 들어갈 때는 체온을 측정하고 손 소독제로 소독하고 몸의 이상 여부를 기록하는 문진표를 작성하고 혹시 모를 비상 상황에 대비하여 연락처도 남겨야 한다. 실내에서도 마스크를 반드시 쓰고 한 칸씩 좌석을 띄워서 사람들과 거리두기를 해야 한다. 그리고 나이가 많은 사람부터 차례로 백신 접종을 하고 있다. 급하게 만들어진 백신을 우려하는 목소리에서부터 백신을 맞고 난 후 부작용에 관한 여러 이야기까지, 코로나19로 인한 불편한 생활은 계속 이어지고 있다.

　우리는 언제까지 이렇게 불편하고 단절된 생활을 해야 할까? 난생처음 겪어 보는 이 낯선 상황은 언제쯤 막을 내릴까? 우리는 과연 예전의 자유로운 생활로 돌아갈 수 있을까?

바이러스의 시작

　이런 감염병의 유행이 처음은 아니다. 조류인플루엔자, 에볼라, 지카, 메르스, 사스 등 몇 년을 주기로 지구촌에 바이러스가 퍼지면서 많은 사람들이 심각한 병을 앓거나 목숨을 잃었다. 이 바이러스의 공통점은 동물에게 존재하던 바이러스가 중간 매개체를 거쳐 사람에게 감염되었다는 것이다. 조류인플루엔자는 칠면조를 숙주로 삼고 있던 바이러스가 닭과 오리 같은 가금류를 거쳐 사람에게 옮겨졌고, 에볼라(과일박쥐→알 수 없는 중간 매개체→사람), 지카(붉은털원숭이→이집트숲모기→사람), 메르스(박쥐→낙타→사람), 사스(박쥐→사향고양이→사람) 역시 동물에게 있던 바이러스가 중간 매개체를 거쳐 사람에게 옮겨 온 것으로 추정하고 있다.

　정확한 이동 경로는 조사하고 있지만, 코로나19 역시 박쥐에게 있던 바이러스가 천산갑·밍크·뱀 같은 중간 매개체를 거쳐 사람에게 옮겨 온 것으로 추정하고 있다. 이런 신종 바이러스는 원래 살던 자연숙주 동물에서 매개체 동물로 옮겨 가면서 돌연변이나 바이러스끼리 재조합을 하여 사람에게 감염될 수 있는 구조로 변이된 것이다. 이후 사람에게 옮겨지면 일파만파 번지게 된다. 이처럼 동물에게 있던 바이러스가 사람에게 전파되어 질병을 일으키는 것을 '인수 공통 감염병'이라고 한다. 사람과 동물 사이에서 적응하거나 진화한 병원체에 의해 전파되는 질병으로, 전체 전염병의 약 75퍼센트 이상이 인수 공통 감염병에 해당한다.

그렇다면 박쥐와 원숭이 들은 이전에도 지구에 살고 있었고 바이러스 역시 숙주동물의 몸에 늘 있었는데 왜 최근 들어 갑자기 이런 감염병이 늘어나게 된 것일까? 그것은 예전보다 동물과 사람이 접촉할 기회가 늘었기 때문이다. 코로나19가 처음 시작된 곳으로 알려진 중국 우한 시장에는 야생동물을 판매하는 가게들이 다양하다. 양과 당나귀뿐 아니라 뱀과 쥐, 오소리, 고슴도치까지 수많은 종류의 동물들이 이 시장에서 도축되어 진미 요리의 재료로 팔려 나가고 있다.

사람들은 야생동물을 직접 포획하여 직접 키우려고 밀거래하거나 죽여서 요리해 먹기도 한다. 비위생적인 방법으로 동물을 키우거나 동물을 도살하는 과정에서 판매자와 구매자 모두 동물의 피와 똥오줌에 오염되고, 그사이에 바이러스가 옮겨지기도 한다.

또 햇볕과 바람이 통하지 않는 공간에 수많은 가축들을 밀집시켜 놓고 기르는 공장식 축산 농장에서 바이러스가 퍼지기도 한다. 몸을 움직일 수 없는 비좁은 공간에서 알만 낳는 닭, 좁은 틀 안에 갇혀서 몸만 점점 비대해지다가 결국 도살되는 돼지와 소처럼 세계 곳곳에는 끔찍하고 잔혹한 축산 농장이 많은데, 이런 농장에서 생산한 고기를 우리는 치킨, 삼겹살, 돈가스, 스테이크로 먹고 있다. 위생 상태가 열악한 농장에서 질병이 발생하면 인근에 있는 농장에서 키우던 가축까지 예방 차원에서 살처분한다. 우리나라에서도 오리나 닭, 돼지처럼 농장에서 키우던 동물 수천, 수만 마리를 한꺼번에 매몰시켜 버리는 일이 여러 차례 있었다.

개발 현장에서 바이러스가 퍼지기도 한다. 사람들은 다양한 자원을 얻기 위해 야생동물의 서식지를 찾아간다. 목재나 광물 같은 새로운 자원을 얻거나 휴양지를 개발하기 위해 접근하기 쉽지 않았던 밀림이나 툰드라 같은 새로운 땅에 도로를 닦고 자동차가 드나든다. 이때 이 서식지에만 머물러 있던 바이러스가 사람에게 옮겨지고 새로운 숙주인 인간을 만나 바이러스는 점점 세력을 키워 나간다. 또 사람들의 침입으로 서식지를 잃은 야생동물은 어쩔 수 없이 다른 보금자리를 찾아 뿔뿔이 흩어지거나 사람들이 사는 곳까지 내려오게 된다. 그 과정에서 야생동물의 몸에 있던 바이러스도 사람들과 접촉하면서 퍼지게 된다.

이 바이러스는 경쟁자도 없고 자신들을 잡아먹는 포식자도 없는 곳에서 점점 세력을 키워서 순식간에 전 세계로 퍼져 나간다. 더구나 기후 위기가 심각해지면서 빙하 속에 얼어 있던 바이러스가 하나둘 깨어나고 있다고 하는데, 장마와 홍수, 가뭄 같은 재난 상황까지 닥치면 바이러스 활동은 더욱 예기치 못한 방향으로 나타날 수도 있다.

사람과 동물 모두 건강 공동체

야생동물은 사람을 경계하면서 사람이 사는 마을이나 도시와 일정한 거리를 둔 채 살고 있다. 무리 생활을 하는 종도 있지만 대체로는 다른 동물들과 일정한 거리를 두고 산다. 어미에게서 독립한 새끼가 혼자 살면서 자연에 적응할 뿐 아니라 늘 단독으로 생활하다가 짝짓기 철에만 암수가 만나는 종도 있다. 서식지를 공유하면서 가까이 살면 먹이와 보금자리를 구하기 위해 경쟁해야 하고, 때로는 서로가 잡고 잡아먹히는 포식 대상이 될 수 있기 때문에 늘 경계하면서 거리를 두는 것이다.

바이러스와 세균은 눈에 보이지 않는다 해도 늘 자연 생태계에 존재하고 있다. 바이러스가 특정 종을 숙주로 삼고 확산된다 해도 상위 포식자가 그 종을 잡아먹으면서 바이러스의 확산을 막아 주기 때문에 생태계의 평형이 유지된다. 그래서 생물다양성이 풍부하고 균형 잡힌 생태계에서는 생물들이 서로 촘촘하게 얽히고 얽혀 바이러스가 무한대로 퍼지지 않는다. 그러나 인간이 생태계에 개입하여 특정 종을 멸종시키거나 서식지를 빼앗으며 생태계 균형을 교란시키면 예상하지 못한 일이 일어난다.

야생동물과 사람 사이에도 건강한 거리두기가 필요하다. 야생동물 서식지를 함부로 침입하여 그들의 생존을 위협해서는 안 된다. 인간과 동물, 생태계 건강은 서로 긴밀하게 연결되어 있다. 모두의 건강을 하나로 보고 정치, 경제, 사회, 보건, 의학 같은 다양한 분야에서 함께 협력하고 노력해야 한다는 접근법을 '원 헬스(one health)'라고 한다. 이는 미국 수의학자 캘빈 슈바베가 1984년 《인간의 건강과 수의학》이라는 저서에서 제시한 '하나의 의학'을 발전시킨 개념인데, 인간의 건강과 동물의 건강, 환경의 건강이 서로 연결되어 있음을 뜻하는 말이다.

원 헬스 개념은 비행기와 배로 사람과 각종 물자가 세계 곳곳으로 이동하게 되면서 더욱 중요해졌다. 모기나 진드기 같은 것들이 상자에 딸려 가게 되면서 감염병을 일으키는 바이러스가 훨씬 빠르게 전파되게 되었다. 중국에서 처음 등장한 코로나19는 겨우 두 달 만에 지구 반대편 남아메리카 대륙까지 퍼졌고, 브라질을 비롯한 남미 병원 시스템을 마비시킬 정도로 큰 피해를 입혔다.

원 헬스 시대가 되면서 자연을 있는 그대로 유지하고 보호하는 '생태 백신'의 필요성이 더욱 중요해졌다. 우리는 여행지나 동물원 같은 곳에서 동물들과 접촉하지 않고, 야생동물을 몰래 데려와 키우다가 함부로 버리지 않는 등 야생의 생명들과 사회적 거리를 두는 '행동 백신'을 지켜야 한다. 서식지를 파괴하면서 생산한 먹을거리와 광물 소비량을 줄이고, 에너지와 자원을 절약하여 기후 위기를 함께 극복하는 데 목소리를 높이는 것도 지금 우리가 해야 할 일이다.

그림 최경식
건축을 공부하고 관련 분야에서 일하다가 그림작가로 전업했다.
두 아이를 키우며 청소년과 어린이를 위한 책을 쓰고 그리고 있다.
《파란 분수》《꼭꼭 숨었니?》 같은 그림책을 냈고, 《도시의 나무 친구들》
《나는 화성 탐사 로봇 오퍼튜니티입니다》 들에 그림을 그렸다.

여우와 토종 씨의 행방불명
십대를 위한 한반도 생물 다양성 이야기

1판 1쇄 2010년 3월 12일
2판 1쇄 2021년 10월 15일 | 2판 2쇄 2022년 8월 1일

글쓴이 박경화
그린이 최경식
펴낸이 조재은
편집 김원영 김명옥 구희승
디자인 육수정 정진혁
마케팅 조희정

펴낸곳 (주)양철북출판사
등록 2001년 11월 21일 제25100-2002-380호
주소 서울시 영등포구 양산로91 리드원센터 1303호
전화 02-335-6407
팩스 0505-335-6408
전자우편 tindrum@tindrum.co.kr

ISBN 978-89-6372-378-5 43300
값 14,000원